Schwengeler

Schrei nach Liebe

Brennpunkt Homosexualität

– Erfahrungsberichte

– Was sagt die Bibel?

– Ursachen und Therapie

ISBN-Nr. 3-85666-052-6
Nr. 52

Umschlag und Gesamtherstellung:
Cicero-Studio, Hinterburgstrasse 8, CH-9442 Berneck

Inhalt

Petra Grimberg

Die Geschichte einer Einsamkeit

***

Mein besonderer Dank gilt:

Miriam Kim, die mich in der schwersten Zeit meines Lebens, mit Gottes Hilfe, begleitete.

Gisela Stübner, die mir einen Weg ausserhalb der Homosexualität zeigte.

Und meinem Mann, der so liebevoll seine Wege mit mir teilt.

***

Eine brüchige Identität

Die Wahrheit, sie hat mich nie berührt. Sie verschwand hinter meinem Wunsch nach Tragik. Es ist komisch, wie viele Geschichten die Wahrheit zulässt, ohne dass sie in ihnen zu finden ist. So viele Geschichten, die ich mir erzählte und die mich an all die fernen Welten weit ab von der Realität, weit ab von meiner Schuld, glauben liessen. Das vermeintliche Glück wurde zum grössten Unglück in meinem Leben. So verbannte ich es und begab mich in die Dürren einer Sehnsucht, die so unbestimmt war wie meine eigene Persönlichkeit.

Es war nicht so, dass ich Frauen liebte. Ich begehrte sie, um mich durch sie zu beweisen, um nicht zugeben zu müssen, dass ich unfähig war, als diejenige zu leben, die ich wirklich war. Es war eine brüchige Identität, die mich nach ihnen verlangte, es war dieses bodenlose Gefühl, nie genug zu sein. Ja, ich hatte Angst vor Frauen, weil ich mir selbst als Frau nie genügte. Doch gerade diese Angst war es, die mich dazu trieb, sie erobern zu wollen. Ich wollte sie mir einverleiben, um mich zurechtzufinden in mir als Frau.

Die Lüge um mich wurde mir zur Gewohnheit. Ich glaubte zu lieben und nährte dabei doch nur die Tragik meiner Identität. Mein Ich wurde für mich zu einem Luftschloss, in dem ich immer neue Zimmer des Selbstmitleides belegte. In diesen Spielzimmern tobte ich mich aus. Das Selbstmitleid wurde mir zum Verhängnis, denn es liess keine andere Innerlichkeit zu als meine eigene. So machte ich mich einsam, nicht weil keiner an die Tür klopfte, sondern weil ich sie einfach nicht öffnete. Ich hatte Angst, man würde mir das Spielzeug meiner von Tragik bestimmten Selbstempfindung nehmen.

Ich begann, meine Persönlichkeit zu konstruieren –

wie eine Maschine, aus der man die maximale Funktion herausholen will. Aufgesetztes Selbstbewusstsein, Arroganz und Intellekt wurden ihre Hauptbestandteile. Bald schon kontrollierte nicht mehr ich die Funktion dieser Maschine, sondern die Funktionen kontrollierten mich. Ich wurde zu einem Rädchen in meiner eigenen Erfindung und war mir dessen nicht bewusst. Menschen waren mir nur insofern wichtig, als sie meine künstlich aufgebaute Persönlichkeit bewundern sollten. Und so trat ich ein in eine Welt, die so ganz anders war als die Realität – die Welt der Schwulen- und Lesbenszene.

Es war eine Welt, in der meine Maschine funktionieren konnte und mir wichtiger wurde als mein wahres Inneres. Schon bald war mir die Homosexualität nicht nur eine sexuelle Orientierung, sondern sie wurde mir zur Religion. Wir waren eine Gemeinschaft, die die Werte einfach umkehrte und die Homosexualität zur einzig wahren Lebenseinstellung erhob. Heterosexuelle waren verpönt und wurden nicht gern gesehen. Diese Welt huldigte den Gesetzen der Illusion. Gefragt war derjenige, der sich in dieser Illusion perfektionieren konnte. Es dauerte nicht lange, bis ich zum Spielball dieser Illusion wurde, die sich in meinen Geist frass und mich für die Realität immun machte. Ich verkaufte meine eigentliche Identität und überliess der Maschinerie meiner erfundenen Persönlichkeit die Kontrolle.

Sehr schnell fand ich Anerkennung, die ich bis dahin nicht bekommen hatte. Ich fühlte mich früher als Einzelgängerin, als eine Ausgestossene, die ihre Andersartigkeit nicht fassen konnte. Ja, früher war ich eher schüchtern, doch jetzt sprang ich wie ein wildes Tier auf alles los, was mich einschüchterte, um es zu überwältigen. Die Welt, in der ich mich nun bewegte, schien wie geschaffen für mich zu sein, eine Welt, in der ich meine Minderwertigkeitskomplexe als Fähigkeiten verkaufen konnte. Und doch wurde etwas in dieser Welt immer übermächtiger in mir – Sehnsucht. Ich konnte sie nicht benennen, erst später begriff ich, dass es die Sehnsucht nach meiner eigenen Identität als Frau war, die mich so sehr trieb.

Meine Eltern waren als Flüchtlinge aus der damaligen Tschechoslowakei gekommen und fanden sich im praktischen Leben des Westens selbst nicht zurecht. Sie waren nicht in der Lage, mir eine Orientierung in meiner Identität als Frau zu geben. Ich hatte den Eindruck, dass sie zu sehr mit ihren eigenen Problemen beschäftigt waren, um mir zu helfen, einen Platz in meinem Geschlecht zu finden. Also riss ich mich los von der brüchigen Welt meiner Eltern und schuf mir eine eigene.

In der Szene hatte ich die meisten Kontakte mit schwulen Männern. Mit ihnen ging ich intensive, aber nur platonische Beziehungen ein. Ich konnte mich einfach nicht in sie verlieben, auch wenn es für mich der bequemere Weg gewesen wäre. Alles in mir sperrte sich dagegen. Frauen andererseits flössten mir Angst ein – ich fühlte mich ihnen nicht gewachsen. Auf der Suche nach einer geschlechtlichen Identität begann ich, mich zum Sexualobjekt zu machen und mich über die Sexualität zu definieren.

Vor wahrer Liebe hatte ich Angst, weil sie eine Persönlichkeit fordert, eine Identität die authentisch ist. Deshalb fand sich für Liebe kein Raum in meinem Inneren. Sobald sich eine Frau in mich verliebte, überfiel mich Panik, und ich verliess sie. Ich verliebte mich also grundsätzlich nur in Frauen, die mir die Liebe, die ich mir von ihnen wünschte, nicht geben wollten. Weil meine Sehnsucht mich Stück für Stück auffrass, versuchte ich, Trost im Alkohol und in Drogen zu finden. Sie liessen mich an die Welt glauben, in der ich mich bewegte, eine Welt, die von den Gesetzen der Illusion lebte.

Ich hatte ein sehr gespaltenes Verhältnis zu mir. Einerseits war ich mir meiner Identitätslosigkeit, meiner Ferne zur Realität und zu realen Gefühlen bewusst und hasste all das, was mich als Mensch hätte ausmachen können. Auf der anderen Seite entwickelte ich eine sehr starke Selbstverliebtheit zu den Dingen, die ich in mir geschaffen hatte und durch die ich mich darstellte. Ich mochte die Tragik, mit der ich mich betrachtete, als eine Verlorene, als eine, die nur in ihren eigenen Gedanken eine Heimat fand.

Ich hatte in all den Jahren, in denen ich in der Szene lebte, nicht eine einzige Beziehung, sondern lebte von «one-night stand» zu «one-night stand». Jedesmal wurde mir dabei kälter. Ich fror an den vielen Körpern, die ich berührte. Die Namen der vielen Frauen, mit denen ich schlief, waren ohne Bedeutung, und mir war nur allzu bewusst, dass hier auch mein eigener Name keine Bedeutung fand. Und trotzdem liess ich mich, von meiner Sehnsucht betrogen, immer wieder darauf ein, mich in diese Gefilde der Namenlosigkeit zu begeben.

In diesem Bewusstsein um die Namenlosigkeit meines Lebens war kein Platz für Gott. Ich lehnte ihn ab, entschied mich bewusst gegen ihn, obwohl ich in einem christlichen Elternhaus aufgewachsen war. Weil ich in meiner Welt keine Liebe kannte, schien mir auch eine Welt der Liebe Gottes fremd. So zog ich die Heimatlosigkeit meines Seins einer Heimat bei Gott vor. Ich zögerte nicht, Gott zu lästern, und das gab mir das Gefühl der Stärke und Erhabenheit, das ich zu brauchen schien. Doch in stillen Augenblicken merkte ich, dass ich keinen Ort der Ruhe kannte, dass meine Seele keinen Platz fand, an dem sie hätte stille werden können. Meine Seele war getrieben von einer Sehnsucht, die sich aus sich selbst nährte und mich immer weiter in die kalten Gefilde der Leere führte.

In dieser Zeit – ich war noch Schülerin – verliebte ich

mich in der Schule in eine lesbische Lehrerin. Sie hatte grosses Interesse an mir, und wir verbrachten privat viele schöne Tage miteinander. Ich sah die Chance gekommen, meine Sehnsucht zu stillen. Als sie sich von mir trennte, wurde meine Liebe zu ihr zur Sucht. Jeder Tag ohne sie schmerzte mich. Um den Schmerz zu lindern, stürzte ich mich in Exzesse und beschritt so zunehmend den Pfad der Selbstzerstörung. Ich begann, mir körperliche Schmerzen zuzufügen, um mein innerliches Leiden zu übertönen. Doch je mehr körperlichen Schmerz ich empfand, desto grösser wurden die Schreie meiner Sehnsucht. Die Leere in meinem Inneren schien mir unerträglich, und Alkohol und Drogen vermochten nicht, sie zu verringern.

Ich wurde so gleichgültig wie ein Tag, der an seinen Schatten bricht. Ich fragte nicht mehr nach dem Leben. Die Gewohnheit des Schmerzes sprach meine Gedanken, und die Leere füllte die Zeit meines Herzens. Ich hatte an so viel geglaubt, doch die Stätten waren mir nicht bereitet gewesen. Meine Existenz tönte wie steinerne Lieder. Ich zog meinen Weg leisen Schrittes, so als sei mein Sein die Illusion eines Gottes, der an der Leere meiner Gedanken zerbrach.

Ich suchte und fand doch nur die Namenlosigkeit in jedem Augenblick, den ich atmete. Ich habe gesucht und verloren, was mich zeichnete in all dem Schreien nach einer Hoffnung. Ich wusste nicht, wo die Zeit mich finden sollte in all diesen Räumen der Verlorenheit. Mein stählernes Herz brach meinen Geist, und ich wusste nicht, welche Welt ich betreten sollte, um den Schatten zu entfliehen, die mich frassen. Nicht ein einziger Traum wagte, durch die Mauern meiner verschacherten Seele zu dringen.

Heimatlos schienen die Tage, die vor mir lagen – eine Zeit ohne Substanz. Jeder Schritt warf Schatten in die Unruhe meiner Dunkelheit. Die Schmerzen der Einsamkeit zersetzten mich. Die Geräuschlosigkeit jeder Bewegung reduzierte die Zeit auf die Mechanik der Uhren. Und der Sinn vergass sich in seinen eigenen Schreien. Hineingeworfen in den dunklen Kerker der Hoffnungslosigkeit, gebunden an die Ketten der Angst, fror meine Seele an den kalten Mauern der Verlassenheit. Einsamkeit und Trauer brachen meine Gefühle entzwei. Die Sehnsucht wollte sich nicht vergessen. Mein Herz hungerte nach Sinn, nach Geborgenheit, nach Heimat.

Meine Gefühle veränderten sich nicht. Sie hatten ihre eigene Beständigkeit, die Beständigkeit einer Sehnsucht, die Horizonte durchschreitet. Schritt für Schritt gingen sie auf dem Weg einer Einsamkeit, die nur ihrer Illusion Glauben schenken wollte. Ich lief durch die Schatten der Nacht und suchte ihre Wege zu ergründen. Doch die Dunkelheit frass mich, frass meine Seele, meinen Verstand, meinen Geist. Meine Persönlichkeit hatte kein Fundament, und so blieb nur eine Ironie meines Seins übrig.

Ich bin ja homosexuell!

Ich erinnere mich an früher, an die Zeit meines Coming Outs und davor. Ich wuchs in der Gemeinde meiner Eltern auf, und mit zehn Jahren liess ich mich taufen, ohne eine Entscheidung für Jesus getroffen zu haben. Ich tat es, um Bestätigung und Anerkennung zu erhalten, da die Taufe in der Baptisten-Gemeinde meiner Eltern die Bedeutung eines gewissen Statussymbols hatte. Ich fuhr auf viele Freizeiten mit, die von der Gemeinde aus organisiert wurden, und ging mit elf Jahren schon ziemlich früh in den Teenagerkreis unserer Gemeinde.

Trotz dieser Unternehmungen war es mir unmöglich, mich in der Gemeinschaft einzufinden. Schüchtern zog ich mich zurück und entwickelte kein richtiges Selbstwertgefühl. Ich sah die Mädchen um mich herum und fragte mich, warum ich nicht so sein konnte wie sie – selbstsicher, fröhlich und kontaktfreudig. Irgendetwas an mir war anders als bei ihnen, doch ich wusste nicht, was. Bis dahin hatte ich wie ein Junge gelebt, spielte gern Fussball und fühlte mich generell in der Gegenwart von Jungen wohler als in der Gegenwart von Mädchen. In meiner Rolle als Mädchen war ich völlig verunsichert.

Ich begann, Sport zu treiben. Als ich bemerkte, dass ich gut war, gewann ich ein wenig mehr Selbstvertrauen. Ich trat einem Tischtennisverein bei und – weil mit mir fast nur Jungen trainierten – fühlte mich dort sehr wohl. Tischtennis war von nun an mein Sport. Ich wurde immer besser und begann bereits mit 13 Jahren, in der Damenmannschaft unter ausschliesslich erwachsenen Frauen zu spielen. Allein die Gegenwart der älteren Frauen schüchterte mich so ein, dass ich den Rest meines neu erworbenen Selbstbewusstseins schnell wieder verlor. Ich fühlte mich von Frauen und Mädchen abgelehnt, fand keinen Anschluss an sie und hatte den Eindruck, dass sie mich nicht ernst nahmen. Während ich mich auf der einen Seite zu ihnen hingezogen fühlte und sie bewunderte, fühlte ich mich andererseits aus ihrer Gemeinschaft ausgestossen.

Als ich in die Pubertät kam, war mir meine geschlechtliche Rolle ein völliges Rätsel. Ich bemerkte, dass Jungen nun nicht mehr an einem kumpelhaften Verhältnis zu Mädchen interessiert waren. Im Gegenteil – sie nahmen Mädchen gar nicht mehr ernst. Auch ich war nicht mehr «eine von ihnen» und versuchte daher, mich in die Gemeinschaft von Mädchen einzufügen.

Schon sehr früh fing ich an, mich selbst zu befriedigen. Meine Eltern hatten nie mit mir über Sexualität gesprochen, so wusste ich anfangs gar nicht, was ich da eigentlich tat. Es war einfach ein schönes Gefühl, und ich begann, mich damit zu trösten. Aber insgeheim ahnte ich, dass irgendetwas daran falsch sein musste, und tat es heimlich. Dabei stellte ich mir vor, wie ich andere Frauen befriedigte. Als der Gemeinde-Teenagerkreis einmal bei einem Mädchen aus unserer Gruppe übernachtete, kam ihre ältere Schwester abends beim Umziehen mit nacktem Oberkörper ins Zimmer. Fasziniert und erregt betrachtete ich ihre Brust. «Sie ist doch auch nur ein Mädchen», schoss es mir sofort durch den Kopf, und ich verwarf meine Gedanken. Zu dieser Zeit wusste ich noch gar nicht, dass es so etwas wie Homosexualität überhaupt gab.

Mit 12, 13 Jahren änderte sich mein Leben rapide. Gott schien mir strafend und unbarmherzig denen gegenüber, die ihm nicht genügen konnten. Das war das Bild, das meine Eltern mir nahebrachten. Die Art, wie meine Mutter mir von Gott erzählte, gab mir den Eindruck, schlecht zu sein und vor Gott keine Chance zu haben. Ich entschied mich bewusst gegen ihn und beschloss stattdessen, mein Leben gegen alle Gesetze, Formen und Normen auszurichten. Ich begann zu rauchen und kurze Zeit später auch zu trinken. In der Schule konzentrierte ich mich auf Freunde, die sich in einer Clique zusammengefunden hatten und durch ihr schlechtes Benehmen herausstachen. Dort fand ich Anschluss, auch wenn man mich eher als den Trottel der Clique betrachtete. Meine Eltern merkten nichts. Sie sahen nur, dass ich mich stetig von ihnen entfernte. Immer weiter zog ich mich zurück und trank meistens, wenn ich allein war. Auf diese Weise konnte ich mich am besten in meine eigene Welt flüchten.

Mit 14 Jahren bekam ich langsam Probleme in der Schule. Meine Noten rutschten ab, und weil mich die Leute in der Clique dadurch mehr akzeptierten, war ich stolz darauf. Doch trotz der Akzeptanz der anderen war irgendetwas in mir, das mich unendlich einsam machte. Ich wusste nicht, was es war, doch ich merkte, dass Frauen mir viel mehr imponierten als Männer. Ich konnte für Frauen schwärmen, aber für Männer nicht. Die Einsamkeit und dieses undefinierbare Gefühl in mir förderten meinen Wunsch, auf mich aufmerksam zu machen. Ich begann, Tabletten zu nehmen. Meine Eltern hatten einen reich gefüllten Arzneischrank, und durch Bücher über Drogensucht bekam ich schnell heraus, was die einzelnen Wirkstoffe auslösten. Zum Aufputschen nahm ich Codeintabletten mit Alkohol und Beruhigungsmittel, um wieder auf den Teppich zu kommen. In der Sucht wollte ich eine Heimat finden, irgendetwas, zu dem ich gehörte, etwas, das ich brauchte und mit dem ich mich trösten konnte.

Zu dieser Zeit fing ich an, für meine Englischlehrerin zu schwärmen. Sie erkannte, dass mit mir etwas nicht stimmte, und bot mir ihre Hilfe an. Ich war überrascht und dankbar dafür, dass sich jemand für mich und meine Probleme interessierte. Weil ich selber nicht genau begriff, was mit mir los war und wo meine Schwierigkeiten lagen, sprach ich mit ihr über meine Eltern, meine Tabletten- und Alkoholsucht. Wirklich helfen konnte sie mir zwar nicht, aber allein ihre Nähe tat mir gut. Ich merkte nicht, dass ich mich in sie verliebte, sondern verschloss mich vor allem, insbesondere vor mir selbst.

Zu Hause kam es immer öfter zu Spannungen. Ich verachtete meinen Vater und beschimpfte ihn solange, bis er mich schlug. Meine Mutter begann ich zu hassen, und ihre Nähe wurde mir unerträglich. So war jeder Tag von Streit gezeichnet. Parallel kam die Zeit, in der alle Mädchen in der Clique einen Freund hatten. Für mein Alter war ich ziemlich unterentwickelt und wurde häufig wegen meiner geringen Oberweite gehänselt. Ich hielt mich für hässlich und war deshalb nicht erstaunt darüber, dass die Jungen an mir kein Interesse hatten.

In der Clique wurde viel Alkohol getrunken. Auch ich trank zunehmend und nahm mehr und mehr Tabletten. Als wir mit unserer Clique wieder einmal im Park auf einer Bank sassen und Bier tranken, kamen ein paar andere Jugendliche vorbei. Unter ihnen war ein Junge, der mir sehr gut gefiel. Wie ich bald herausfand, hiess er Thorsten. Ich war überzeugt, dass er nichts von mir wissen wollte, doch enthemmt durch den Alkohol, setzte ich alles auf eine Karte. Ich beauftragte ein anderes Mädchen, ihn zu fragen, ob er mit mir befreundet sein wolle. Zu meiner grossen Überraschung sagte er direkt «Ja».

Durch Thorsten entfernte ich mich von der Clique, da er ein ziemlicher Einzelgänger war. Ich fühlte mich in seiner Nähe wohl, weil er mich nicht zurückstiess, sondern an allem teilnehmen liess, was ihn betraf und was er tat. Dass mich jemand akzeptierte, wie ich war und in alles miteinbezog, war etwas völlig Neues für mich. In dieser Zeit brachte ich ihn öfter mit nach Hause. Wenn wir allein in meinem Zimmer waren, wollte er, dass ich ihn befriedigte. Weil ich gar nicht wusste, wie das funktionierte, zeigte er es mir. Es stiess mich weder ab, noch zog es mich an. Dabei empfand ich keine sexuellen Gefühle für Thorsten. Wenn wir uns küssten oder ich ihn befriedigte, tat ich es ganz mechanisch und ohne innere Anteilnahme, als etwas, das eben dazugehört. Ich verstand nicht, warum die anderen Mädchen so dafür schwärmten und dachte, sie wollten sich dadurch nur wichtig machen. Homosexualität war mir zu dieser Zeit bereits ein Begriff. Aber die Tatsache, dass mich Frauen grundsätzlich mehr anzogen als Männer, brachte ich nicht in einen sexuellen Zusammenhang. Es kam mir nicht in den Sinn, dass bei mir etwas anders war als bei den übrigen Mädchen meines Alters.

Es kam der Tag, an dem ich beschloss, mit meinem Freund zu schlafen. Ein Mädchen aus meiner Clique tat dies bereits mit ihrem Freund und war bei den anderen dadurch sehr anerkannt. Ich wünschte mir die gleiche Anerkennung, und ausserdem war ich neugierig darauf, was mich da wohl Grosses erwartete. Also bearbeitete ich Thorsten, der das eigentlich nicht wollte, aber meinem Drängen dann doch nachgab. Meine Eltern wären aus allen Wolken gefallen, wenn sie davon erfahren hätten. Daher planten wir sorgfältig. Wir kauften Kondome und warteten ab, bis meine Eltern nicht zu Hause waren. Dann verschwanden wir in mein Zimmer und zogen uns aus. Ich hatte überhaupt keine Ahnung, wie das vor sich gehen sollte und ärgerte mich über die vielen Zärtlichkeiten meines Freundes, die ich für Zeitverschwendung hielt. Hinterher fragte ich mich, was daran so grossartig sein sollte. Für mich war es der reinste Horror, und ich hatte Mühe, mich nicht zu übergeben. Trotzdem flunkerte ich ihm vor, wie toll ich es fand. Unerfahren, wie er war, glaubte er mir. Wir schliefen aber danach nicht mehr miteinander.

Insgesamt waren wir eineinhalb Jahre zusammen, bis er anrief und Schluss machte. Ich wusste gar nicht, wie mir geschah und begann zu weinen – ich weiss bis heute nicht warum. Wahrscheinlich fühlte ich mich abgelehnt. In dieser Zeit fühlte ich mich überhaupt von allen abgelehnt, was soweit führte, dass ich drei Selbstmordversuche unternahm. Sie schlugen fehl, und so wurde ich wegen Tablettensucht und Suizidgefahr in eine Jugendpsychiatrie eingewiesen. Ich war inzwischen 15 Jahre alt und feierte meinen 16. Geburtstag in der Psychiatrie.

Die Einlieferung dort war ein Schock. Hier sah ich alles – Fälle von Magersucht, Bulimie und andere Essstörungen, Autismus und Psychosen. Die Betreuer gingen mit den Patienten um, wie sie gerade wollten. Hin und wieder kam es zu Handgreiflichkeiten zwischen Betreuern und Patienten. Bis auf zwei Stunden Ausgang täglich waren wir den ganzen Tag auf der Station eingesperrt. Weil die Psychiatrie in Mannheim lag und meine Eltern in Leverkusen wohnten, bekam ich selten Besuch. Ich kam mir «aufbewahrt» vor und fühlte mich dort überhaupt nicht wohl. Gespräche mit dem Arzt gab es kaum und wenn, dann versuchte er, mit mir über Sexualität zu reden. Ich war aber so verklemmt, dass ich nicht konnte. Nach einiger Zeit fanden die Gespräche dann einfach nicht mehr statt.

Mit einer sehr engagierten Betreuerin, einer Sozialpädagogin, konnte ich jedoch einen engeren Kontakt aufbauen. Sie setzte sich sehr stark mit mir auseinander und nahm mich in meinen Problemen ernst. Von ihr fühlte ich mich angenommen. Wir begannen, uns auch privat zu treffen. Wenn ich Ausgang hatte, ging ich sie meist besuchen, was allerdings nicht gerne gesehen war. Es dauerte nicht lange, bis ich mich in sie verliebte. Diesmal spürte ich, dass es etwas mit Sexualität zu tun hatte und gestand mir ein, dass ich lesbisch war. Mein verstärktes Interesse an Frauen und mein mangelnder sexueller Bezug zu Männern fiel mir nun wie Schuppen von den Augen.

Ich vertraute mich meiner Betreuerin an. Sie wollte mir helfen und riet mir daher, mich so anzunehmen, wie ich war. Ich sollte nicht versuchen, gegen die Homosexualität anzukämpfen, sondern sie als Teil meiner Persönlichkeit zu akzeptieren. Sie wusste, dass ich in sie verliebt war, und obwohl sie heterosexuell war, ging sie sehr behutsam damit um. Sie stiess meine Annäherungsversuche aber nicht zurück, sondern setzte sich mit den Gefühlen, die ich für sie empfand, auseinander. Damit entstand ein Kontakt, der zu einer intensiven platonischen Freundschaft wurde und auch heute noch besteht.

Es schien mir, als ob meine nicht eingestandene

Homosexualität die Ursache für all meine Probleme gewesen war. Als ich meine Eltern darüber informierte, reagierten sie sehr hilflos. Gleichzeitig waren sie jedoch froh, einen Grund für mein Verhalten gefunden zu haben, und holten mich aus der Psychiatrie wieder zu sich.

Zu Hause ging es nicht lange gut. Schnell fand ich die Schwulen- und Lesbenszene in Köln. Dort fühlte ich mich angenommen und sehr wohl und blieb meist bis tief in die Nacht weg. Weil ich erst sehr spät nach Hause kam, schaffte ich es am nächsten Morgen meist nicht mehr zur Schule. Ein Jahr später, mit siebzehn, wurde ich von einem Fremden vergewaltigt. Meine Eltern machten mir Vorwürfe. Sie vermittelten mir den Eindruck, dass ich etwas sehr Schlimmes getan hätte und es meine Schuld gewesen sei. Ihre Reaktion demütigte mich noch viel mehr als die eigentliche Vergewaltigung.

Ich beschloss, auszuziehen. Freunde aus der Szene wollten mich aufnehmen. Ich sprach mich mit ihnen ab, packte meine Sachen und zog aus. So wohnte ich mich durch die Gegend, bis ich durch einen schwulen Freund einen Platz in seiner Wohngemeinschaft fand. Immer tiefer stürzte ich mich in das Leben der Schwulen- und Lesbenszene und merkte sehr schnell, dass ich meine Probleme dadurch nicht löste, sondern nur verdrängte. Um nicht daran denken zu müssen, begann ich, immer ausschweifender zu leben.

Die Tiefen der Sehnsucht

Das Leben in der Szene machte mich zusehends unglücklicher, doch es trieb mich immer wieder dorthin. Ich sah für mich keine andere Möglichkeit zu leben, und so wurde mein Leben bestimmt von der Leere eines jeden Augenblicks, den ich empfand. Ich war eine Suchende unter Suchenden, die aneinander vorübergehen und nur ihre eigene Sehnsucht kennen. Ja, eine Suchende, die der Stille zu entfliehen sucht, aus Angst vor den Gedanken einer Schuld. Mein Gewissen war ausbetoniert. An Ketten gebunden, glaubte ich an Freiheit, eine Freiheit, die nichts anderes kennt als nur das eigene Selbst.

Und alle, die wir das Hier, das Jetzt kannten, begannen, uns auf den Weg zu machen. Aus weiter Ferne konnte man uns durch die Gänge der Leichenhalle ziehen sehen. Desinfiziert steril die Arroganz unseres Lebens gegenüber dem kühl gelagerten Geruch von Tod. In der Fensterlosigkeit dieses Ortes wurde er den Sinnen nur durch das künstliche Licht zugänglich. Durch das Licht genährt, erreichte uns, einen nach dem anderen, die Dunkelheit unserer Schatten. Wir begannen, schneller zu gehen, immer schneller. Plötzlich rannten wir los, liefen so schnell wir konnten – liefen zur ersten offenen Tür, die sich stählern hinter uns schloss. Das grelle Weiss der uns einkeilenden Wände vermischte sich mit dem grellen Licht der Lampen, so dass die Wände nicht als Wände in Erscheinung traten, sondern als endlose Weite. Wir betrachteten einander in diesem uns völlig fremden Raum, der nichts besass, ausser uns, den Menschen. Die Musik spielte auf, der Tanz begann.

Es dauerte nicht lange, und Schnee und Eis bedeckten die Flächen meiner Trauer. Die Wälder der Sehnsucht waren gerodet und verbrannt. Überall waren nur Wunden, … und Aas. Die Kälte lähmte meine Zunge, die … ie Schritte stolpernd werden, und die Seen, … gegnete, ertränkten. Es herrschte Einsamkeit, … nblickte, bis zum Horizont und darüber hinaus. Wohin?, schlug es in meinem Kopf. Ich drehte mich nach allen Seiten um und sah, dass es keinen Weg hinaus gab. Nur die Schluchten gewannen dem Wind ein paar Tränen ab. Und wieder fragte es in mir: Wohin? Ohne Antwort ging ich weiter. Ich schrie, und ich brüllte, wollte nur weg von dort und frei sein. Doch es wehten starke, kalte Winde, die die Zeiger der Uhren bewegten und die Schreie nach Freiheit verklingen liessen im aschenen Widerhall der Zeit.

So wurde ich eine Gebundene meiner Sehnsüchte, immer auf der Jagd, sie zu stillen. Ich ergriff alles, was mir eine kurze Ablenkung von meiner Sehnsucht bot. Es dauerte nicht lange, bis ich mich auch auf sado- masochistische Beziehungen einliess und mich in ihnen auslebte. Ich begann, am Tag zu schlafen und in der Nacht zu leben. Mein Alkohol- und Drogenkonsum wurde immer exzessiver. Die Nacht wurde meine Verbündete. Leise sprach sie: «Hörst du ihn, den Aufprall des Regens, hörst du ihn? Er zerreisst die Stille der Neonfluten und nichts kann seinen Aufprall halten!» Ich kannte die Nacht und wusste um ihre Lüge, und so zog ich die Münzen und warf sie der untergegangenen Sonne entgegen. Der Mond schwieg, ja, der Mond liess sich nicht bezahlen.

Es waren Bilder, die mein Ich lebten, die Augenblicke im Lidschlag der anderen – erdacht, gemacht, ohne Leben. Seelenbetäubend schrie die Stille und konnte nicht an die Ruhe eines Herzschlags glauben, in dem die Seele hätte behütet Atem holen können. Die Leere füllte mein armseliges Dasein, welches sich an den Pflastersteinen der Strasse wärmte und den Sinn in einheitliches Grau zog. Die Neonfluten stachen die Augen, liessen nur noch Schatten in die Sichtbarkeit, und Worte der Erlösung trümmerten in meinen Ohren. Ich lebte nicht wirklich, ich wurde gelebt.

Illusionen täuschten eine Bewegung vor, die nie

geschah, denn das Herz stand starr, und der Atem leugnete den Sauerstoff. Steine tropften in die tote Nacht des Gemüts, und die Hyänen der Angst frassen die Seele Stück für Stück als Kadaver einer Hoffnung, die heimatlos begraben war. Keine Ruhe in den Köpfen, nur die Stille im Zerriss! Der Rhythmus unserer Herzen war stählern, pumpte Nekrophilie in die Sinne und log das Leben in den Tod. Und im Grau der Strassen, im Grau der Häuserwände, im Grau des regendurchtränkten Lichts verlor es sich, mein Herz und die Zeit liess es, aus der Ferne meines Seins betrachtet, wie ein Stück Dreck aussehen. Ich wollte es nicht mehr, wollte es nicht mehr sehen, und so wandte ich mein Gesicht ab von all den schwarzen Träumen, die ihre Grimassen in die Realität schnitten und erwachte in einem Zimmer, in dem die Trauer meiner Verzweiflung deutliche Spuren in den Putz an den Wänden gefressen hatte.

Mein Weg aus der Homosexualität

Mein exzessives Leben, der Alkohol und die Drogen taten das ihre – ich verlor den Verstand und bekam eine Psychose. Ich fand mich in der Psychiatrie wieder und wusste gar nicht, was mit mir geschehen war. Nach einer gewissen Zeit bekamen die Ärzte den Akutzustand in den Griff, doch dann folgte ein postremessiver Erschöpfungszustand der völligen Gedanken- und Gefühllosigkeit. Ich bekam starke Depressionen, und als ich aus der Psychiatrie entlassen wurde, war ich ein Pflegefall. Ich war dankbar dafür, dass meine Eltern mich wieder zu sich nahmen und für mich sorgten. All meine Freunde wandten sich von mir ab, was mich noch weiter in die Verzweiflung hineintrieb.

Ich fühlte mich wie eine lebende Tote, die nicht sterben konnte.

Die Psychose war durch Drogen ausgelöst worden, und die Ärzte warnten mich, dass sie erneut ausbrechen würde, sobald ich wieder Drogen nehmen würde. Meine Eltern beteten viel für mich, und so erlebte ich eine regelrechte Befreiung von der Drogensucht. Ich verstand nicht, warum mir das mit der Psychose passieren musste. Ich hatte überhaupt keine Schuldgefühle, was mein Leben betraf, mein Gewissen war völlig verhärtet. Ich war nicht in der Lage, auch nur das Geringste zu bereuen. Ich haderte sehr mit meinem Schicksal. Der nach wie vor andauernde Erschöpfungszustand schien mir unerträglich.

Aus diesem Grund unternahm ich ein Jahr später in der Wohnung eines Freundes wieder einen Selbstmordversuch. Mein Bekannter musste am frühen Morgen aus dem Haus, um ein Referat an der Universität zu halten. Am Abend davor nahm ich hundert Schlaftabletten, legte mich hin und am Morgen hatte ich bereits das Bewusstsein verloren. Der Freund merkte nichts und ging los. Unterwegs fiel ihm auf, dass er seine Unterlagen vergessen hatte, und als er zurückkam, fand er mich im Bett – das ganze Bettzeug überzogen von Blut aus meiner Lunge. Er rief sofort den Krankenwagen. Nach drei Tagen auf der Intensivstation kam ich wieder zu mir.

Weil der Selbstmordversuch gescheitert war, war ich völlig am Boden zerstört, und die Depressionen verstärkten sich.

Meine Eltern wussten nicht mehr, wie sie mir helfen sollten. Alles, was sie wussten war, dass einzig und allein Gott mir lebenswertes Leben schenken konnte, aber davon wollte ich nichts wissen. Sie erfuhren von der Gefährdetenhilfe Scheideweg, die sich um Drogensüchtige, Gefangene und gescheiterte Existenzen kümmerte. Doch ich lehnte es rundweg ab, dorthin zu gehen. Alles, was mit Gott zu tun hatte, war mir zuwider.

Meine Ausweglosigkeit wurde immer grösser. Ich war weder in der Lage, in mein altes Leben zurückzukehren, noch ein neues zu beginnen. Eines Tages wollten meine Eltern mit mir spazierengehen. Widerwillig stimmte ich zu. Anstatt zu einem Spaziergang, fuhren meine Eltern mit mir zur Teestube der Gefährdetenhilfe. Nachdem ich nun nicht mehr zurück konnte, ging ich mit hinein. Nach der Teestube sprach mich sofort eine Frau an. Es störte sie überhaupt nicht, dass ich mich nicht gut ausdrücken konnte, und ich spürte, dass sie ehrlich Anteil an meiner Geschichte nahm. Sie erzählte mir dann auch von ihrem Leben, das gezeichnet war von Drogen und Prostitution, und wie Jesus ihr geholfen hatte, von den Drogen loszukommen und ihr ein ganz neues Leben schenkte.

Ich war beeindruckt. Obwohl ich nicht glauben konnte, dass Gott mir noch helfen wollte, ging ich ab sofort jeden Sonntag zur Teestube und lernte immer mehr Menschen kennen. Ich merkte, dass dort ganz andere Dinge zählten als in der Welt, in der ich bisher gelebt hatte. Ich spürte, dass dort jeder Mensch wertvoll war, dass ich ihnen etwas bedeutete und sie mir helfen wollten. Wie gern hätte ich diese Liebe Gottes, von der sie sprachen, begriffen, doch ich konnte es nicht. Mein Herz war so verhärtet, dass ich es nicht über mich brachte, es Gott zu schenken. Ich konnte einfach nicht mehr lieben.

Ein Frau, Miriam hiess sie, nahm sich meiner ganz besonders an und war mir eine treue Wegbegleiterin. Sie liess nicht locker, mein Herz zu hinterfragen. Ich wollte ein Leben mit Gott beginnen, aber ich konnte es noch nicht mit dem Herzen tun, also tat ich es vorerst mit dem Willen. Mir war klar, dass ich nicht ein Leben mit Gott führen konnte und dabei homosexuell bleiben konnte. Doch meine homosexuellen Gefühle blieben, so sehr ich auch dafür betete, sie mögen verschwinden. Miriam und die Verantwortlichen der Gefährdetenhilfe merkten, dass ich tiefgreifende seelsorgerliche Hilfe brauchte. Sie beantragten einen Therapieplatz im «help center» für mich, einem christlichen Therapiezentrum, das unter anderem Hilfe bei Homosexualität anbietet.

Es dauerte allerdings ein Jahr, bis ich meine Therapie antreten konnte. In der Zwischenzeit kümmerte sich Miriam intensiv um mich. Sie organisierte, dass ich dreimal pro Woche zu den Treffen der Gefährdetenhilfe abgeholt wurde, und wir telefonierten jeden Tag miteinander. Sie achtete darauf, dass ich nicht wieder in mein altes Leben abrutschte, und das war nicht immer so leicht – ich war fast schon wieder gesund und es trieb mich zurück. Trotzdem warf ich alles fort, was zu meinem alten Leben gehörte wie Kleidung, Bücher, Musik usw.

Zur gleichen Zeit begegnete mir mein Jugendfreund Thorsten wieder. Die Freundschaft zwischen uns lebte auf. Er wusste, dass ich auf einen Platz im «help center» wartete und wollte den Kontakt auch während der Therapie schriftlich beibehalten. Endlich war es soweit. Im «help center» wurde ein Platz frei, und ich konnte die Therapie antreten. Die Menschen dort begegneten mir mit sehr viel Verständnis, und ich wurde liebevoll in die Gemeinschaft aufgenommen. Ich lernte eine Seelsorgerin kennen, die selbst einmal lesbisch gewesen war, und merkte mit Entsetzen, dass ich drauf und dran war, mich in sie zu verlieben. Das wollte ich unter keinen Umständen!

Voll Angst rief ich Thorsten an, dass er mich abholen sollte, und er kam sofort und nahm mich mit zu sich. Nach nur zwei Wochen brach ich damit meine Therapie ab. In der Folge bekam ich äusserst starke Depressionen. Auf diese Weise war es unmöglich, neu zu beginnen, also setzte ich mich nach einer Woche mit Miriam in Verbindung. Sie brachte mich zurück ins «help center», wo ich wieder aufgenommen wurde. Ab da begann es, mir besser zu gehen.

Eine Schwierigkeit für mich waren die seelsorgerlichen Gespräche, denn ich hatte überhaupt kein Schuldbewusstsein. Ich konnte meine Probleme und Fehler nicht eingestehen und mich – auch vor mir selbst – nicht öffnen. Aus diesem Grund verdrängte ich alles und erfand einfach etwas, das ich erzählen konnte. Die Gemeinschaft tat mir gut. Und doch verschwand ich immer wieder für einen Tag, um zu rauchen und zu trinken. Wenn ich dann wiederkam, wurde ich liebevoll aufgenommen, und man setzte sich sofort mit mir auseinander. Doch eines Tages war der Punkt erreicht, wo man mir sagte, dass ich aus der Therapie entlassen würde, wenn ich noch einmal verschwinde.

Im «help center» war das Rauchen verboten. Das fiel mir schwer, und so rauchte ich heimlich. Doch sobald ich einmal keine Zigaretten mehr hatte, rastete ich aus. Bei der geringsten Kritik von Seiten der Seelsorger schlug ich das Mobiliar kurz und klein. Weil ich nicht darüber sprach, dass das Rauchen der Auslöser für meine Gewalttätigkeit war, rätselten die Mitarbeiter, was mit mir los sei. In diesem Zusammenhang beeindruckte mich sehr, dass die Mitarbeiter jederzeit bereit waren zu verzeihen. Ich wurde nicht ein einziges Mal bestraft für etwas Schlechtes, was ich getan hatte. Im Gegenteil. Es wurde nicht einmal erwähnt, und das war etwas völlig Neues für mich.

Jeden Morgen nach dem Frühstück fand ein gemeinsames Bibelgespräch statt. Wir versammelten uns, alle Gäste und Mitarbeiter, um gemeinsam in der Bibel zu lesen und darüber zu sprechen. Das war der schönste Augenblick des Tages für mich, denn ich lernte die Bibel kennen und verstehen. Der Begriff der Gnade war ein zentrales Thema und wurde immer wieder neu aufgegriffen. Ich begann zu verstehen, dass ich nichts zu meiner Errettung beitragen konnte und dass ich in meinem Leben sehr viel Schuld auf mich geladen hatte. Ich begriff aber auch, dass Gott mich trotz meiner Unfähigkeit unendlich liebte. Jesus war auch für meine Schuld gestorben, um mich von meiner Sünde zu befreien und die Kluft zwischen mir und Gott zu überwinden, damit ich Gemeinschaft mit ihm haben konnte.

Nun endlich bekehrte ich mich von ganzem Herzen, und es begann eine Zeit der Freude. Ich dachte, dass meine Homosexualität ein Ende hätte, doch schon bald merkte ich, dass dem nicht so war – ich verliebte mich erneut in die Seelsorgerin, die ehemals lesbisch gewesen war. Als ich ihr mein Herz ausschüttete, nahm sie sich meiner an. Geduldig setzte sie sich mit meinen Gefühlen auseinander und zeigte sehr viel Verständnis. Da ich mich in schriftlicher Form besser und offener ausdrücken konnte, schrieb ich ihr Briefe, auf die sie mir seelsorgerlich antwortete. Aber nach kurzer Zeit wurden meine Gefühle für sie unerträglich, und die alten homosexuellen Sehnsüchte brachen über mich herein. Ich beendete meine Therapie mit einem erneuten Selbstmordversuch.

Nach dem Scheitern dieses Suizidversuchs wohnte ich wieder bei meinen Eltern. Die Seelsorgerin blieb auch weiterhin mit mir in schriftlichem Kontakt. Ihre Briefe sortierten meine Gefühle und zeigten mir immer wieder einen Weg auf, der ausserhalb der Homosexualität lag. Parallel hatte ich sehr engen Kontakt mit Thorsten. Wir gingen eine Beziehung miteinander ein und beschlossen schon bald zu heiraten. Eine Ehe schien mir die richtige Lösung meines Problems. Wenn ich mich nur auf Thorsten konzentrierte, könnte ich meine Homosexualität überwinden – dachte ich. Ich hatte mich geirrt. Unsere Ehe zerbrach, und wir reichten die Scheidung ein. Der Grund lag in meiner Homosexualität und in der Sehnsucht nach dieser Seelsorgerin. An Weihnachten merkte ich, dass es so nicht mehr weitergehen konnte. Meine unglaubliche Sehnsucht nach dieser Frau führte bei mir zu körperlichen Beschwerden wie Magenblutungen, und ich war mittlerweile auf 41 Kilo abgemagert. Also brach ich den Kontakt zu ihr ab.

Nun nahm ich wieder vermehrt persönlichen Kontakt zu Thorsten auf. Ich wusste nicht warum, aber die Ehe bedeutete mir etwas, und ich wollte sie nicht einfach aufgeben. Und da geschah ein Wunder – Gott schenkte uns einen neuen Anfang. Was den Glauben anbelangt, hatte ich meinen Mann am Anfang unserer Ehe so bedrängt, dass er sich mehr oder weniger zwangsbekehrte. Das Resultat war, dass er jetzt von Gott gar nichts mehr wissen wollte. Ich fügte mich dem, lebte mein Leben mit Gott, ohne meinen Mann zu «bearbeiten» und betete weiter für ihn.

Aufgrund meines schlechten körperlichen Zustandes war mein Arzt überzeugt, dass ich keine Kinder mehr bekommen könnte. Thorsten und ich verzichteten daher auf Verhütungsmittel. Im Januar wurde ich dann doch überraschend schwanger. Der Arzt riet mir, das Kind abzutreiben, weil mein Körper zu schwach wäre, um die Schwangerschaft zu überstehen. Eigentlich wollte ich das Baby auch gar nicht. Mein Leben war völlig unsortiert, und ich begann gerade wieder, beruflichen Erfolg zu haben. Aber ich konnte es vor Gott nicht verantworten, diesen kleinen Menschen umzubringen.

Abgesehen davon, war der Kontakt zu der Seelsorgerin aus dem «help center» zwar abgebrochen, dennoch quälte mich die Sehnsucht nach Frauen so sehr, dass mein Mann meine Not nicht mehr mit ansehen konnte. Ansonsten sehr eifersüchtig, war Thorsten nun sogar bereit, sich damit abzufinden, dass ich neben unserer Ehe noch Beziehungen zu Frauen hätte. Obwohl ich nicht verstand, warum Gott mir meine homosexuellen Gefühle nicht wegnahm, wusste ich, dass Homosexualität gegen seinen Willen war. Ich versprach Thorsten also, kein aussereheliches Verhältnis mit einer Frau einzugehen.

Nachdem ich diese Entscheidung getroffen hatte, begann Gott, mir begreiflich zu machen, was an Homosexualität falsch ist. Er zeigte mir, dass der zentrale Problemfaktor nicht die Sexualität, sondern die Sucht ist. Die Sünde besteht darin, dass man einen Menschen mehr liebt als Gott. Von diesem Menschen fordert man dann, dass er die eigenen Sehnsüchte stillt, anstatt Gott hierum zu bitten und ihm Gelegenheit dafür zu geben. Im Endeffekt kennen daher viele Heterosexuelle die gleiche Problematik wie Schwule und Lesben. Nur müssen sie sich aufgrund ihrer «Normalität» nicht damit auseinandersetzen.

Zur gleichgeschlechtlichen Liebe schreibt Paulus im Römerbrief (Kap. 1,24.25):

> *«Deshalb hat Gott sie (die Homosexuellen, Anm. d. Red.) auch all ihren Trieben und Leidenschaften überlassen, so dass sie sogar ihre eigenen Körper schändeten. Indem sie die Schöpfung anbeteten und nicht den Schöpfer, haben sie Gottes Wahrheit verdreht und ihrer eigenen Lüge geglaubt. Aber dem Schöpfer allein gehören doch Lob und Ehre bis in alle Ewigkeit – das ist gewiss!»*

Und C.S. Lewis schreibt über die Liebe in seinem Buch «Was man Liebe nennt»:

> *«Unsere schenkende Liebe ist wirklich gottähnlich; und sie ist Gott um so ähnlicher, je grenzenloser und unermüdlicher sie schenkt. Alles, was die Dichter von ihr sagen, ist wahr. Ihre Freude, ihre Kraft, ihre Geduld, ihre Bereitschaft zu verzeihen, ihr Verlangen nach dem Wohl des geliebten Menschen – all das ist echtes und fast verehrungswürdiges*

Abbild des göttlichen Lebens. Mit Recht danken wir Gott dafür, 'der solche Macht den Menschen gegeben hat'. (...) Schon diese Ähnlichkeit hat ihren Glanz. Daher geschieht es auch, dass wir 'ähnlich' mit 'gleich' verwechseln. Dann folgen wir einer menschlichen Liebe mit jener bedingungslosen Treue, die wir nur Gott schulden. Und so wird sie zum Gott – und zum Dämon. So zerstört sie uns – und auch sich selbst. Denn wenn natürliche Liebe zum Gott wird, bleibt sie nicht Liebe. Man nennt sie zwar noch so, aber genaugenommen ist sie eher eine kompliziertere Form von Hass.»

Als mir bewusst wurde, dass meine homosexuelle Liebe nichts taugt, sondern ein Dämon ist, der mein Leben zerstört, begann ich, Gott zu lieben. Ich bat ihn, meine Sehnsucht zu stillen und mir ausfüllende Liebe für meinen Mann zu schenken. Früher hinterliess Sexualität bei mir immer einen schalen Nachgeschmack. Ich fühlte mich hinterher noch verlassener als zuvor. Nun lernte ich eine ganz andere Form von Sexualität kennen, eine Sexualität, die nicht mehr ich-bezogen war und damit nur ihre eigene Befriedigung suchte, sondern eine du-bezogene Sexualität, die sich auf den Partner konzentrierte und damit viel erfüllender war als alles, was ich bis dahin gekannt hatte.

Diese Zeit war voller wunderbarer Überraschungen für mich. Meine Beziehung zu Frauen begann sich zu normalisieren, und das überstieg meine bisherigen Vorstellungen. Ich weinte die ersten Freudentränen meines Lebens, als mein Mann sich nicht lange danach – ganz ohne mein «Nachhelfen» – bekehrte. Und ich fing an, das Kind in meinem Bauch zu lieben, das mir – nach Gott – zum Ein und Alles wurde.

Unser Sohn wurde im sechsten Monat geboren, und wir waren sehr glücklich über ihn. Obwohl er viel zu früh auf die Welt gekommen war und ich mir grosse Sorgen um ihn machte, fand ich Ruhe in Gott, und meine Beziehung zu Jesus war sehr intensiv. Doch vier Wochen nach der Geburt starb unser Baby an einer Darminfektion. Kurz zuvor hatte ich eine Wochenbettpsychose bekommen und erfuhr erst in der Psychiatrie vom Tod unseres Kindes. Für meinen Mann begann eine harte Zeit. Er musste zur gleichen Zeit mit dem Verlust unseres Sohnes fertig werden und sich um mich in der Psychiatrie kümmern.

Nach dem Akutzustand der Psychose folgte erneut ein Erschöpfungszustand mit völliger Gedanken- und Gefühlsleere. Zum Glück hatte ich dieses Mal keine Depressionen, aber ich konnte mir nicht erklären, weshalb das alles hatte geschehen müssen. Meine Krankheit und der Verlust meines Sohnes belasteten mich sehr. Es fiel mir, gerade durch die Gefühllosigkeit, schwer, an der Beziehung zu Jesus festzuhalten. Mein Mann stand mir liebevoll und geduldig zur Seite, bis an die Grenzen seiner Leistungsfähigkeit. Dennoch hatte ich Selbstmordgedanken und fragte mich manchmal, ob die Homosexualität nicht vielleicht doch der bessere Weg gewesen wäre.

In all diesen Schwierigkeiten war jetzt mein Wille gefragt. Ein Vers des Propheten Jesaja (Jes. 55,8–11) war mir dabei ein grosser Trost:

«Meine Gedanken sind nicht eure Gedanken, und eure Wege sind nicht meine Wege, spricht der Herr, sondern so viel der Himmel höher ist als die Erde, so sind auch meine Wege höher als eure Wege und meine Gedanken als eure Gedanken. Denn gleichwie der Regen und Schnee vom Himmel fällt und nicht wieder dahin zurückkehrt, sondern feuchtet die Erde und macht sie fruchtbar und lässt wachsen, dass sie gibt Samen, zu säen, und Brot, zu essen, so soll das Wort, das aus meinem Munde geht, nicht wieder leer zu mir zurückkommen, sondern wird tun, was mir gefällt, und ihm wird gelingen, wozu ich es sende.»

Mir wurde bewusst, dass Gott mir keine Rechenschaft

schuldet. Seine Weisheit ist um so vieles höher als die meinige. Ich erfuhr dann, was es heisst, zu Jesus fliehen zu können. Ich merkte, dass ich nicht unbedingt alles verstehen musste, um Ruhe zu finden, sondern meine ganze Not einfach an Jesus abgeben durfte. Mir wurde – gerade in meiner Gefühllosigkeit – klar, dass Liebe zunächst kein Gefühl ist, sondern eine Lebenseinstellung, die den Willen fordert. Als ich mich willentlich in die Hände Jesu gab, durfte ich erfahren, wie er mich durch diese schwere Zeit hindurchtrug und wie er meinem Mann die Kraft schenkte, um mir zur Seite zu stehen.

Heute kommt Homosexualität für mich nicht mehr in Frage. Es ist mir nicht mehr möglich, sie zu leben, weil ich weiss, dass sie eine Fehlentwicklung ist und Gottes Absicht widerspricht. Ich darf wissen und spüren, wie mich Jesus jeden Tag aufs Neue durchträgt und ich Ruhe und Frieden in ihm finden kann. Und ich danke Jesus für das wundervolle Leben, das er mir gemeinsam mit meinem Mann geschenkt hat. ■

* * *

GEBORGENHEIT

Wenn ich den Wind fragen könnte,
wo das Blau des Himmels herkommt,
wo es hingeht, und wo es bleibt
– ich würde es nicht tun.
Denn der Wind spricht die Sprache
einer Unbeständigkeit,
die den Himmel ins Grau einer Weite zieht,
in der ich mich verlieren würde.

Doch sehe ich,
wie die Sonne in ihrem Abendrot
den Schleier von Violett
über das Blau
dieses einen Himmels legt,
dann brauche ich nichts mehr zu wissen,
weil ich die Farben,
die sich über mir zeichnen,
atmen kann
in Jesus Christus
meinem Herrn.

* * *

Briefe einer sich verwesenden Liebe

Die folgenden Texte sind das Produkt meiner Phantasie, um die Homosexualität zu charakterisieren und zu illustrieren.

* * *

Ich schweife umher
in der Fremde
meines Herzens
und erkenne mich selbst
nicht mehr darin,
gehöre mir nicht
und bin mir doch zu eigen
in dieser Nicht-Zugehörigkeit
meiner Seele.

Fühle,
wie meine Gefühle aufhören,
mir zu gehören,
wie sie sich langsam herausschleichen.
Fühle,
wie mein Verstand sich langsam ablöst
von all den Verständlichkeiten
in mir,
und höre die Schritte
meiner Enteignung,
wie sie langsam nähertreten,
um mich in ihren Schlaf zu wiegen ...

* * *

«Worte»

Ich schaue mich in meinem Zimmer um, das ich verlassen werde – die Bücher, die Unordnung, die Bilder. Alles in diesem Zimmer hat eine Geschichte – die Couch ist eine Anekdote, die Bücher sind die Welt meiner Gedanken. Ich habe es nie verstanden, wenn Menschen sagten, sie wollten etwas von sich hinterlassen, irgendetwas von Bestand. Jetzt, in diesem Moment kann ich es verstehen.

Ich spüre mein Leben, gehe hinein und schweife durch die Augenblicke, die es mir schenkte. Jede Sekunde habe ich gespürt, die mich prägte, mit all den Worten, die sie mir schenkte. All die Schmerzen, die ich empfand, die Tiefen, die ich durchquerte, die Dunkelheit und die Fragen nach einem «Wohin». So oft wünschte ich mir jemanden, der bei mir gesessen hätte, um meine Worte zu hören. Das hätte mir gereicht, um etwas von mir zu hinterlassen.

Ich möchte solche Augenblicke des Friedens, wie den jetzigen, mit den Worten, die ich schreibe, festhalten. Ich versuche, mir an ihnen genügen zu lassen. Worte waren die einzige Heimat, die ich jemals fand – vielleicht war ich deshalb immer so unstet und reiste von Augenblick zu Augenblick, von Leben zu Leben. Mit meinen Worten versuchte ich, einen Menschen zu finden, dem ich hätte Einlass gewähren können, der diese Träume, in denen ich lebte, hätte betreten können – behutsam, ruhigen Schrittes ...

Ich lebte durch meine Worte und meine Worte lebten mich. Vielleicht genügten sie mir gerade deshalb nie, in dem, wie ein anderer sie hörte, wie ein anderer sie träumte, wie ein anderer sie sprach. Die Worte, die ich schrieb, waren mir eine Seele – meine Liebe, meine Trauer, meine Verzweiflung, meine Freude, mein Friede. Jedes einzelne habe ich geliebt ohne Ende, habe es geatmet, in jedem seiner Züge. Sie waren mir der Geliebte, den ich nie hatte, der mich sanft in seine Arme schloss, mich mit all seiner Stille tröstete und mich begleitete, wenn ich einen Weg suchte und den falschen wählte. Worte sind mir mehr gewesen als Leben. Sie waren mir zeitweise ein Gott.

«Tote Nähe»

Kannst du dich noch daran erinnern, wie wir miteinander sprachen? Wir haben nur gedacht, ohne zu reden. In der anderen haben wir uns gedacht – ich mich in Bezug auf dich, ich dich in Bezug auf mich. Das war unsere Sprache. Wir machten uns einander zu eigen, wurden eins mit der Identität der anderen. Ich wurde ein Stück deiner selbst, sollte deine Leere füllen, in die du seit über einem Jahrzehnt nicht mehr geschaut hast, diese tiefen Krater, über denen nur ein paar morsche Bretter lagen, die die Illusion vermittelten standzuhalten und doch unter der Last einer unerwarteten Bewegung brachen. So vieles hätten wir uns sagen müssen, anstatt mit unseren Worten zu schweigen, ein Schweigen das schlimmer war, als all die Lügen, die wir uns hätten sagen können. Aber haben wir uns in all dem Schweigen nicht gebraucht, um unsere eigenen Unwahrheiten zu verdecken?

Es gab ihn nie, diesen Augenblick, in dem wir hätten ineinander ruhen können. Nein, es war ein Augenblick, der über uns lachte, als wir ihm in der Ironie unserer Herzen begegneten. Es gab sie auch nicht, diese Zugehörigkeit, von der wir glaubten, sie würde uns von unseren Ketten befreien. Unsere Sehnsucht nach Freiheit grenzte uns ein und überliess am Ende jede sich selbst. Sie sperrte uns ein in eine hermetisch abgeriegelte Hilflosigkeit uns selbst gegenüber, weil eine Gleiche keine Gleiche liebt.

Ich schlief mit dir in meinen Gedanken und versuchte dabei, deine Seele zu finden, um sie zu berühren. Ich schlief mit dem Tod, der meine Liebe enthauptete, so dass sie körperlos wurde auf der einen Seite und kopflos auf der anderen, und welche dieser beiden Seiten ich auch wählte, sie führten ins Nirgendwo. Ich brauchte die

Berührungen, die du mir in deiner Distanz zu mir gabst. Als ich gewann, worum ich gekämpft hatte, forderte der Sieg meine Seele. Unsere Nähe war tot und glaubte doch ihr Sterben nicht. Nein, unsere «Liebe» hat uns nicht bewahrt. Sie hat uns aufgegeben und der Verwesung überlassen, die irgendwann einmal all ihre Spuren beseitigt haben wird. Gemeinsam glaubten wir an ein Paradies, das mit seiner Schein-Wahrheit ein Trümmerhaufen für uns wurde und uns vertrieb, mit all dem Schutt und all der Asche unserer Herzen.

Zwischen den Zeiten spüre ich sie noch, diese verhärteten Wunden und Narben, die meine Liebe zu dir hinterliess. Warum nur mussten wir uns in der Dunkelheit unserer Seelen begraben? Über all unserem Zueinander lag der Geruch von Aas, der Geruch von Tod, der um unsere Herzen schlich. Ich habe Angst um dich, habe Angst um mich, will diese Verhärtung nicht, die sich einmeisselt. Diese Liebe zu dir war ein Fluch, den ich nicht vergessen kann. Ich will sie nicht mehr, diese Verzweiflung, die sich nicht kennt in all den Worten, die sie brüllt. Und doch weiss ich, dass ich nicht auf Antworten warten kann, dort wo die Wahrheit sich verliert, wie sie sich in uns verloren hat.

«Heimat»

Weisst du, meine Mutter hat mich nie in den Schlaf gesungen, um die Räume meiner Sehnsucht zu füllen. Nein, sie hat mir Geschichten erzählt, die sich wie reissende Zähne der Angst in mein Herz schlugen. In der Einsamkeit und Verlorenheit meiner Seele ist sie mir dann begegnet, diese Angst und hat sich ihr Nest gebaut. Sie war es, die mich in die Unbarmherzigkeit der Städte trieb, und es erschien mir fast schon als eine Ironie, als ich daran dachte, wie ich früher, in den kalten Nächten, durch die asphaltierten Schatten der Strassen zog und in die Fenster schaute, das Licht sah und manchmal Bücher an den Wänden – das waren mir die liebsten Zimmer, die, welche voller Worte zu sein schienen. Dann zog ich meinen Wollmantel enger um meinen Körper und drehte den Kopf weg, denn je mehr Wärme, je mehr Geborgenheit ich in diesen Fenstern sah, desto kälter wurde mir.

Und nun sehe ich, allein mit mir, aus einem dieser Fenster in die Nacht hinaus und frage mich, ob ich wohl jemals an eine Heimat habe glauben können, so wie all die Menschen mit ihren verlorenen Gesichtern – Asphalt in den Augen, Asphalt in den Schritten, Asphalt in ihrem Atem. Manchmal sieht jemand hoch, und ich gucke, ob er den Mantel ein wenig enger schnürt oder sich ein wenig mehr in seiner Jacke verkriecht. Doch meistens ist es nur eine Zigarette, die er sich anzündet, bevor er den Blick senkt und weitergeht. Es sind diese vielen Fenster in einer Stadt voller Neonfluten, die den Eindruck vermitteln, Heimat zu sein, für irgendwen, für irgendjemand, nur nicht für den Betrachter, der hochblickt, um wenigstens eine kleine Illusion von Wärme zu erhaschen.

Simon Th. Dijkstra

Traum der Liebe

Je mehr die Welt über Freiheit redet und diskutiert, dafür kämpft und demonstriert, umso weiter sind wir anscheinend von ihr entfernt. Die hochgelobte persönliche Freiheit hat schon längst alle Gebote und Normen, die Gott uns zu unserem Schutz mit auf den Weg gegeben hat, über Bord geworfen. Insbesondere auf dem Gebiet der Sexualität sind alte Tabus gebrochen worden; was früher abartig war, ist heute «normal», und diese Haltung hat auch schon in vielen «christlichen Kreisen» Einzug gehalten.

Man spricht wohl vielerorts über die freimachende Kraft Christi in Bezug auf Gebundenheiten wie Alkoholismus, Rauchen, Drogen, sexuelle Unersättlichkeit und Geldgier, aber vor dem Problem der Homosexualität schreckt man zurück. Man ist verunsichert durch die gezielte Verwirrungspolitik einschlägiger Kreise und vielleicht auch durch lautstarke Stimmen, die behaupten: «You're okay, when you're Gay» (Du bist in Ordnung, wenn du schwul bist).

Ist Homosexualität angeboren?

Die Meinung, dass Homosexualität etwas Unabänderliches sei, weil man annimmt, sie sei angeboren, ist immer noch weitverbreitet, obwohl wissenschaftliche Untersuchungen zu einem anderen Resultat führten. Diese zeigen, dass Homosexualität ein angelerntes Verhalten ist, das seine Wurzeln schon in allerfrühester Kindheit hat.

Das war auch bei mir der Fall. Soweit ich mich zurückerinnern kann, war ich eher ängstlich und unsicher, was höchstwahrscheinlich darauf zurückzuführen war, dass der drohende Krieg gerade losbrach, kurz bevor ich geboren wurde. Die Angst der Eltern übertrug sich auf mich, und schon sehr früh fing ich an, tapfere Männer in Uniformen zu bewundern und zu beneiden. Dabei war ich sicher, dass ich selbst niemals so tapfer, so kühn sein könnte. Meine Brüder – viel älter als ich – erlebten richtige Abenteuer, ich aber bevorzugte die schützende Umgebung des Elternhauses. Die manchmal offene, meistens aber versteckte Bewunderung für Personen, die ihre Männlichkeit auf irgendeine Art bewiesen und anscheinend keine Mühe damit hatten, ihre männliche Identität zu finden und zu bejahen, führte mehr und mehr dazu, dass ich mir in meiner Phantasie ausmalte, mit ihnen zusammen zu sein, von ihnen beschützt zu werden.

Meines Erachtens wurden hier schon die Weichen für meine Homosexualität gestellt, und diese Weichenstellung wurde von meiner Umgebung ungenügend oder gar nicht wahrgenommen. «Du hättest ein Mädchen werden sollen», war wohl das Gewagteste, was über die Lippen meiner Eltern kam, oder «Jungen weinen doch nicht».

Mein Vater, selbst nicht gerade der Männlichste, schien unfähig zu sein, die mangelnde Identifizierung mit der Männlichkeit bei seinem Sohn zu bemerken, deshalb half er mir auch nicht, diese Identität zu suchen und mich darin zu bestätigen. Ich glaube heute, dass es enorm wichtig ist, die Einheit von Leib, Seele und Geist gerade auch in der Bejahung der eigenen Geschlechtlichkeit erleben zu dürfen.

Ich erinnere mich ganz deutlich daran, wie ich als kleiner Junge abends im Bett lag und dachte: «Das kann ich nie, was die andern können», oder «Wenn das so weitergeht, will ich lieber sterben», oder «Eines Tages wird alles anders sein».

Wie bewunderte ich die unkomplizierte Art des Auftretens eines älteren Nachbarjungen. Sein freundlicher, wohlwollender Blick begleitete mich Tag und Nacht. Es gab nichts Schöneres, als sich auszudenken, er sei ganz für mich da, für mich alleine. In Gedanken schmiegte ich mich an ihn und sog seine Männlichkeit, seine Kraft und Unkompliziertheit in mich auf. Das, was mir fehlte, suchte ich in einem anderen. Natürlich wusste ich nicht, weshalb ich solche Wünsche hatte, sie waren einfach da. Und je länger je mehr fühlte ich mich unheimlich wohl dabei.

Je mehr die Realität aber von der Phantasie abweicht, je lieber zieht man sich in diese Phantasiewelt zurück.

Dazu kam noch das Selbstmitleid. Heute denke ich oft beschämt daran, wie oft ich mich darin gebadet habe. Selbstmitleid ist eine sehr zerstörende Eigenschaft: Es untergräbt unsere Kampffähigkeit. Je mehr wir es pflegen, desto mehr nimmt die Resignation zu, die uns lähmt.

Körper, Seele und Geist sind untrennbar, so lange man lebt. Deshalb werden ja auch in seelischen Nöten körperliche Entwicklungen und Regungen miteinbezogen. Durch unkorrigierte Weichen-Stellung in der Kindheit werden die Folgen je länger je schwerer. Die ganze Persönlichkeitsstruktur wird davon geprägt. Durch das Nichtwahrnehmen der Umgebung (Erzieher) ist die Weiche, die einmal gestellt wurde, so fatal für die weitere Entwicklung, dass es anscheinend überhaupt kein Zurück mehr gibt.

Die Gefühlswelt des Homosexuellen

Mein Phantasieleben nahm immer stärkere Formen an, es gab kein Halten mehr. Mein Lebensweg schien vorprogrammiert. Homosexuelle Wünsche und Vorstellungen wurden je länger je stärker. Mein ganzes Denken und

Fühlen, mein Verlangen und meine Sehnsüchte wurden dadurch in Beschlag genommen. Die sexuelle Neugierde anderer Knaben nährte diesen Boden noch, und entsprechende Erlebnisse prägten sich tief ein und verlangten immer noch mehr. Für die anderen Knaben waren solche Erlebnisse eher etwas Nebensächliches, für mich wurden sie zum Ereignis des Tages! Niemand wusste es, denn ich war ein artiger Junge, wohlerzogen und freundlich, eher scheu und überangepasst.

Mitten in dieses Phantasieleben hinein kam plötzlich und völlig unerwartet die Realität: Ein Mann interessierte sich für mich. Bevor ich ahnte, was geschah, war ich verliebt und abhängig. Die kühnsten Wünsche schienen Wirklichkeit zu werden. Ich lebte wie im Traum. Ich musste nicht allein durchs Leben, es war jemand da, der das mit mir tat, was ich mir immer gewünscht hatte. Aber die Wirklichkeit riss mich bald aus diesem Traum. Treue? Ach wo! Liebe? Wo denkst du hin! Freundschaft? Wie langweilig! Obwohl die Ernüchterung mir fast den Atem nahm, ging ich von da an auf die Suche nach wahrer Freundschaft, manchmal unermüdlich, manchmal verbittert, oft hoffend, oft resignierend, einmal euphorisch, einmal tieftraurig, immer unruhiger und ... unersättlicher!

Abhängigkeit

Das Leben hat viel zu bieten, vor allem, wenn man jung ist! Oh, wie genoss ich die Bewunderung meiner «Freunde». Ich sog ihre Worte in mich hinein und fand durch diese Kontakte den Zugang in eine verlogene Welt, die ich noch durch die rosarote Brille eines Nichtsahnenden sah.

Ich warf alles über Bord, wurde immer zügel- und hemmungsloser. Die ruhelose Suche nach dem «Glück» liess mich immer unvorsichtiger werden. Ich wich einer gesunden Selbstprüfung mehr und mehr aus und ich erkannte nicht, dass meine Persönlichkeit bereits verzerrt war. Denn durch den häufigen Umgang mit der homosexuellen Subkultur nahm ich auch ihre Gewohnheiten und Spielregeln an, ohne zu merken, dass ich tiefer und tiefer in diese Abhängigkeit hineinschlitterte. Auch ich fing an zu lügen und falsche Liebe und Treue zu schwören, wenn ich nur das bekam, was ich wollte: Beachtetwerden, Begehrtsein, Schönsein, Jungsein, Leben!

Manchmal regte sich zwar das Gewissen, aber es redete immer leiser und verstummte zeitweise ganz. Es kam vor, dass ich in einsamen Stunden die Wahrheit ahnte, aber ich wollte sie nicht in mein Bewusstsein eindringen lassen. Die Sucht war stärker, und ich machte mir vor, ich sei frei, ungebunden und beneidenswert.

Ängste und Verzweiflung

Meine Eltern und Geschwister hatten mein «Anderssein» registriert, es wurde einmal darüber gesprochen, aber nachher verschwieg man das Thema lieber. Das Problem schien unlösbar.

Bei der Suche nach einer geeigneten Arbeit stiess ich auf grosse Schwierigkeiten; denn es war mir unmöglich, meinen homosexuellen Lebensstil zu verbergen. Zweimal wurde ich entlassen. Es gab auch sonst hässliche Auseinandersetzungen mit Vorgesetzten und Kollegen, die mich etliche Male an den Rand der Verzweiflung brachten. Aber es fand sich doch immer wieder ein Ausweg.

Es würde bestimmt zu weit führen, würde ich alle Hochs und Tiefs meines Lebens schildern. Wirtschaftlich fand ich schliesslich irgendwie den Anschluss; nach einer Lehre als Psychiatrie-Pfleger und einer kaufmännischen Ausbildung wurde ich zu meinem eigenen Erstaunen sogar Prokurist. Innerlich aber fand ich nie die Harmonie, nach der ich mich doch so sehnte. Nach aussen schien alles in Ordnung: Da war ein netter Freund, ein grosses Auto, ein wunderhübsches Haus mit geschmackvoller Einrichtung, alles war da, auch viele Freunde, Bekannte und doch ...

Ja, was war es eigentlich, was während all dieser Jahre wie ein roter Faden durch mein Leben ging? Weshalb wurde ich hie und da von einer so grossen Unruhe gepackt, dass ich unfähig war, meine Arbeit gewissenhaft auszuführen? Weshalb musste ich da und dort einen Arzt aufsuchen, der mir Beruhigungsmittel verschreiben oder sogar für einige Tage «Arbeitsunfähigkeit» bescheinigen musste? Eigentlich hatte ich darauf keine Antwort. Etwas aber war mir bewusst: Ich hatte schreckliche Angst vor dem Tod. Nur nicht sterben müssen! Als ich einmal bei einer ärztlichen Behandlung kollabierte und dachte, sterben zu müssen, kamen diese geheimen Ängste ans Licht: Ich erlitt einen Nervenzusammenbruch, der seine Ursache in der Todesangst hatte.

In der Sackgasse

Ich hatte nie an der Existenz Gottes gezweifelt, hatte mich auch des Öftern mit der Bibel auseinandergesetzt, aber eine wirkliche Richtlinie für mein Leben fehlte.

Heute führe ich die zunehmende Unruhe darauf zurück, dass Gott mich suchte. Ja, ich bin dessen sogar sicher, denn sein Wort sagt: «Gottes Güte ist es, die uns zur Umkehr treibt.»

Wie kann ich mich heute darüber freuen, dass diese Umkehr eines Tages tatsächlich stattfand. Und wie gütig und feinfühlig bereitete Gott mich für diese Veränderung vor. Nach aussen war davon wenig sichtbar: Es ging mir – vor allem finanziell – besser denn je ... aber nach innen wurde die Verwirrung immer grösser. Ich erkannte gerade in den «schönsten» Stunden, dass ich in eine Sackgasse geraten war. Wahrscheinlich war es die Sackgasse meines Ichs, jedenfalls hatte mich dieser Weg weggeführt von Gott. Dachte ich doch, gut daran zu tun, mein Leben selbst in die Hand zu nehmen und zu entscheiden, was gut oder was schlecht für mich war.

Sehr dankbar bin ich heute dafür, dass der Herr mich in eine schier auswegslose Situation brachte: Die Unruhe meines Herzens wurde schwer wie ein Mühlstein, der mich zu zermalmen drohte. Meine Freunde und Arbeitskollegen hatten keine Erklärung dafür, weshalb ich nach und nach in Schwermütigkeit versank, wodurch ich tatsächlich nicht mehr in der Lage war, meine Arbeit zu tun. Ich war mir selbst ein Rätsel, grübelte und philosophierte über die Ursache meines Zustandes nach.

Ein vollmächtiger Seelsorger brachte es schliesslich ans Licht: Es war ein Riesenpaket an Schuld, das auf meinen Schultern lag und mich hinunterdrückte.

Ich erkannte, wie weit ich mich von Gott entfernt hatte und welche Schuld auf mir lag: Anstatt sein Eigentum zu sein, war ich ein Knecht der Homosexualität geworden, hatte andere Menschen als Lustobjekte angesehen, die doch auch seine Geschöpfe waren. Ich hatte es geschehen lassen, dass die mangelnde Identifizierung mit meiner männlichen Identität mich zu einem Zerrbild meiner Persönlichkeit hatte werden lassen, eine Disharmonie, eine Clownfigur der Phantasie, der Lust, der egozentrischen Triebe, der Verwirrung und der Unterwürfigkeit am Fleisch.

Und nicht nur das. Die Fehlentwicklung der Geschlechtlichkeit hatte auch dazu geführt, dass ich in mancher Hinsicht beziehungsarm geworden war. Kontakte mit Menschen, die meinen Lebensstil bejahten, waren mir am liebsten geworden, währenddem ich Menschen, die dem homosexuellen Lebensstil kritisch gegenüber standen, verachtete und mied. Ich hatte sie als Miesmacher und rückständige Leute betrachtet, die eben noch «nicht aufgeklärt» waren.

Befreiung

Als ich erkannte, wer ich wirklich war, erschütterte mich meine Verderbtheit. Meine ganze Schuld brachte ich ans Kreuz, und dort wurde mir etwas von der Herrlichkeit Christi bewusst. Der Herr half mir, verschiedene Beziehungen in Ordnung zu bringen, Unehrlichkeiten zu bereinigen, Vorurteile zu bereuen und abzubauen, der homosexuellen Szene den Rücken zu kehren, weniger materielle Ansprüche zu haben und meinen Glauben zu mehren.

Ich wurde erfüllt mit Freude, denn er gab mir viele ermutigende Erlebnisse, Siegesgewissheit und Glaubensmut. Etliche Monate war ich für meine neue christliche Umgebung schwer zu ertragen, denn ich schwelgte in Freude!

Doch nur eine Illusion?

Doch dann kamen andere Zeiten. Es schien, als ob die Vergangenheit mich einholen wollte. Ich erschrak sehr und wollte mich wehren. Doch ich versagte, und bald schon stellte sich Resignation ein: Also war es doch nur Einbildung gewesen, es gab also doch keine Veränderung.

Das Beten fiel mir schwer. Aber einige Freunde waren zur Stelle und da wurde mir nach und nach klar, dass ich zwar vor allem nach aussen vieles in Ordnung gebracht hatte, aber jetzt sollte auch im Verborgenen «Die Schule Jesu» durchschritten werden. Sonst stand ich in der Gefahr, im Glaubenskindergarten sitzen zu bleiben. Nun aber sollte es vorwärts gehen. Ich wich zuerst zurück, entdeckte dann aber, dass es Gottes Güte war, die mich nach und nach umgestalten wollte in das Bild seines Sohnes Jesus Christus!

War denn das überhaupt möglich, dass Gott ein solches Werk an mir tun konnte? War ich nicht schon zu lange eigene Wege gegangen? Alle diese Fragen türmten sich vor mir auf. «Schau doch in den Spiegel, Simon», sagte ich mir. «Natürlich sind dir deine Sünden vergeben, du bist reingewaschen und gerechtfertigt, aber nun geht's weiter: Jetzt schlagen wir den Weg der Heiligung ein.» Es fiel mir zuerst schwer, dies zu verstehen. Doch allmählich wurde mir klar: Aber natürlich, die heilsame und heilende, aber auch reinigende Kraft Christi musste mich ganz durchdringen, aus dem Jesus *für* mich musste nun ein Jesus *in* mir werden!

Veränderung

Die Freiheit der Kinder Gottes hatte Jesus zwar für mich erkämpft und ermöglicht, aber nun galt es, diese Freiheit zu erfahren und sich von allem zu entfernen, was diese Freiheit gefährdete und verunmöglichte. Eine der herrlichsten Entdeckungen für mich war, dass es in Christus keine festgefahrene Lebensschemen gibt, auch wenn sie sich über viele Jahre hindurch eingeschliffen haben. So oft ich wieder mit meinem alten Menschen konfrontiert wurde, so oft lernte ich, diesen dahin zu verweisen, wo er hingehörte: Mit Christus gekreuzigt! Denn es ist alles neu geworden. In der Auferstehungskraft Christi zu leben, bedeutete somit nicht nur die alte homosexuelle Identität zurückzuweisen, sondern auch den egozentrischen, eifersüchtigen, sich selbstbemitleidenden und besserwissenden Menschen.

Heute, bald sechs Jahre nach meiner Umkehr, bin ich immer wieder erstaunt darüber, dass uns Gott durch seinen Heiligen Geist immer mehr umgestaltet, dass wir ihm immer ähnlicher werden dürfen.

Veränderung ist somit ein Prozess, ein Werden, das an dem Tag anfängt, an dem man sagt: «Herr, was willst *du*, das ich tun soll?»

Ich könnte also sagen: Ich bin verändert, werde verändert und möchte auch künftig noch mehr verändert werden. Eines Tages war es soweit, dass ich meine Liebe für eine Frau entdeckte. Mit einer erstaunlichen Sicherheit bat ich um ihre Hand. Ich staunte darüber, wie köstlich und lieblich eine solche Beziehung zu einer Frau ist, ganz entgegengesetzt dem zügellosen Besitzenwollen in einer gleichgeschlechtlichen Beziehung. Gott hatte mich als Mann geschaffen, und die Bejahung dieser Identität versetzte mich in Erstaunen; es war kein Fehler, Gott hatte es gut gemeint.

Du bist ein Mann

Du bist ein Mann! Dies zu bejahen, gab mir viele neue Impulse, obwohl es nicht immer leicht war, alte Prägungen und fehlgeleitete Wünsche zu überwinden oder überwinden zu wollen!

Man soll nicht zurückschauen, sagt man, aber ich habe es nun doch getan. Und dabei habe ich von neuem das Staunen gelernt. Nicht über das, was *ich* geleistet habe, sondern darüber, was Gott an mir getan hat. Natürlich hat das Tränen gekostet, Kämpfe, Ängste und Bereitschaft, aber die Freude in Christus ist tausendmal herrlicher. Natürlich hätte ich ledig bleiben können, aber auch die Ehe hat viele göttliche Verheissungen! Und das Wort Gottes ist wahrhaftig!

Das Unglaublichste ist momentan, dass ich bald Vater sein werde. Ich kann es kaum fassen.

«Etliche von euch sind so gewesen», sagt Paulus. Dazu kann ich nur sagen: Es stimmt. Auch ich bin «so» gewesen. Für kein Geld möchte ich zurückkehren zum alten Leben. Es wäre für mich heute undenkbar, die erneuernde Kraft Gottes nicht erfahren zu dürfen, die auch da verändert und umformt, wo selbst Kirchen resignieren.

Unzählige, meist jüngere Männer sind seither zu uns gekommen, um mit uns darüber zu reden, wie auch sie den neuen Weg mit Christus gehen können.

In Abänderung eines Bibeltextes möchte ich schliessen mit folgenden Worten:

«Kommt alle her zu mir, die ihr homosexuell und beladen seid, ich werde euch neu machen!» (Jesus)

■

Thomas Schirrmacher

Was sagt die Bibel zur Homosexualität?

Homosexualität im Alten Testament

Homosexualität ist in der Bibel immer eines der Kennzeichen einer untergehenden Gesellschaft, die kurz vor der Bestrafung Gottes steht.

In der Bibel wird Homosexualität das erste Mal im Zusammenhang mit Sodom und Gomorra erwähnt. Die Stadt Sodom (mit der Nachbarstadt Gomorra) war gerichtsreif geworden und wurde kurz darauf durch göttliches Feuer vernichtet. Es wird beschrieben, dass in Sodom die Homosexualität üblich war:

«Sie hatten sich noch nicht niedergelegt, als die Männer der Stadt, die Männer von Sodom, vom Knaben bis zum Greis, das ganze Volk von allen Enden, das Haus umringten. Und sie riefen nach Lot und sprachen zu ihm: Wo sind die Männer, die diese Nacht zu dir gekommen sind? Führe sie zu uns heraus, damit wir sie erkennen!» (1. Mose 19,4–5).

«Erkennen» ist ein alttestamentlicher Begriff für sexuelle Beziehungen. Zu Beginn der Ehe «erkennt» der Mann seine Frau. Die Männer Sodoms wollten also sexuellen Kontakt mit den männlichen Gästen Lots. Lot bezeichnet den Wunsch der Sodomiter als etwas «Böses».[1]

Doch die Bibel schildert nicht nur die Sünden der Heiden. Das Volk Israel erreichte am Ende der Richterzeit ebenfalls einen neuen Tiefpunkt. Kennzeichen dieser Generation waren schlimmster Götzendienst, Homosexualität und brutale Vergewaltigung von Frauen:

«... da umringten die Männer der Stadt, ruchlose Männer, das Haus, schlugen gegen die Tür und sprachen zu dem alten Mann, dem Herrn des Hauses: Führe den Mann, der in dein Haus gekommen ist, heraus, weil wir ihn erkennen wollen! Da ging der Mann, der Herr des Hauses, zu ihnen hinaus und sprach zu ihnen: Nicht doch, meine Geschwister, tut doch nichts

Böses! Nachdem dieser Mann in mein Haus gekommen ist, dürft ihr keine solche Schandtat begehen! Schaut, meine Tochter, die Jungfrau, und seine Nebenfrau, will ich herausbringen. Tut ihnen Gewalt an und macht mit ihnen, was in euren Augen gut scheint. Aber an diesem Mann dürft ihr so eine schwere Schandtat nicht begehen! Die Männer wollten aber nicht auf ihn hören. Da ergriff der Mann seine Nebenfrau und führte sie zu ihnen auf die Strasse hinaus und sie erkannten sie und trieben die ganze Nacht hindurch bis an den Morgen ihren Mutwillen mit ihr. Und sie liessen sie laufen, als die Morgenröte aufkam» (Ri. 19,22–25).[2]

Die geschilderte Begebenheit führte zu einem Krieg gegen den Stamm Benjamin, dessen Mitglieder die Schandtat begangen hatten. Beinahe der ganze Stamm wurde dadurch ausgerottet.

Die zwei zentralen Verbote der Homosexualität im mosaischen Gesetz stehen ebenfalls in Verbindung mit dem moralischen Tiefpunkt einer Gesellschaft:

«Und du sollst nicht bei einem Mann liegen, wie man bei einer Frau liegt, denn es ist ein Greuel» (3. Mose 18,22).

«Wenn jemand bei einem Mann liegt wie bei einer Frau, so haben sie getan, was ein Greuel ist, und sollen beide des Todes sterben; auf ihnen lastet Blutschuld» (3. Mose 20,13).

Der Zusammenhang beider Texte macht deutlich, dass Homosexualität eine der Sünden war, die den sittlichen Zerfall der kanaanitischen Völker kennzeichnete. Als Gericht darüber durften sie vom Volk Israel aus ihrem Land vertrieben werden:

«So haltet nun alle meine Satzungen und meine Rechte und tut danach, damit euch nicht das Land ausspeit, in das ich euch führen will, um darin zu wohnen. Und wandelt nicht in den Satzungen der Völker, die ich vor euch her vertreiben werde. Denn das alles haben sie getan, und ich habe Ekel vor ihnen gehabt» (3. Mose 20,22–23).

Homosexualität ist aber nicht das einzige Kennzeichen einer gerichtsreifen Gesellschaft. Daneben werden auch die folgenden Vergehen als schlimmste Greuel genannt: Inzest, Ehebruch, sexueller Verkehr mit Tieren und Verkehr mit einer menstruierenden Frau. Aber auch den Eltern fluchen, Totenbeschwörung und Wahrsagerei werden in diesem Zusammenhang erwähnt.[3]

Ausserdem wird verboten, den Gewinn aus heterosexueller oder homosexueller Prostitution in den Tempel zu geben:

«Es soll keine Tempeldirne unter den Töchern Israels und kein Tempelhurer unter den Söhnen Israels sein. Du sollst keinen Hurenlohn noch Hundegeld aufgrund irgendeines Gelübdes in das Haus des Herrn, deines Gottes, bringen, denn dies beides ist dem Herrn, deinem Gott, ein Greuel».[4] Die «Tempelhurer» erwarben «Hundelohn». Das ist eine verständliche Bezeichnung, da «Hunde» ein üblicher Ausdruck für Homosexuelle in der Umwelt Israels war.

Trotz dieses Verbots gab es in Israel immer wieder «Tempelhurer». In Zeiten der Reformation wurden sie zusammen mit den Götzenbildern «aus dem Land geschafft» und ihre Häuser niedergerissen.[5] Diese Tempelhurer arbeiteten übrigens nicht nur für Geld.

Homosexualität im Neuen Testament

Zwei neutestamentliche Texte gehen direkt auf Sodom und Gomorra ein und belegen damit, dass das alttestamentliche Urteil über die Homosexualität im Neuen Testament unverändert weitergilt:

«... wie Sodom und Gomorra und die umliegenden Städte, die in gleicher Weise wie diese Unzucht trieben und hinter frem-

dem Fleisch herliefen, als Beispiel dienen, weil sie die Strafe des ewigen Feuers erleiden ...» (Judas 7).

«... und er die Städte Sodom und Gomorra einäscherte und zur Zerstörung verurteilte und denen ein Beispiel setzte, die künftig gottlos sein würden und er den gerechten Lot rettete, der von dem ausschweifenden Wandel der Ruchlosen gequält wurde, denn der unter ihnen wohnende Gerechte quälte durch das, was er sah und hörte, Tag für Tag seine gerechte Seele mit den gesetzlosen Werken» (2. Petrus 2,6–8).

Neben den bereits zitierten beiden Texten zu Sodom und Gomorra warnt das Neue Testament an drei Stellen vor Homosexualität. Die klassische Belegstelle ist Römer 1,26–27:

«Darum hat Gott sie dahingegeben in schändliche Leidenschaften. Denn ihre Frauen haben den natürlichen Verkehr mit dem widernatürlichen vertauscht, und ebenso haben auch die Männer den natürlichen Verkehr mit der Frau verlassen, sind in ihrer Wollust zueinander entbrannt, indem Mann mit Mann Schande trieb, und empfingen an sich selbst den Lohn ihrer Verirrung, den sie dafür empfangen mussten.»[6]

Hier wird neben der männlichen erstmals auch die weibliche Homosexualität genannt. Wieder ist Homosexualität aufs engste mit Götzendienst verbunden und ein Beleg für den tiefsten moralischen Abstieg des Menschen. Wenn Paulus hier von «Begierde» spricht, wird deutlich, dass nicht erst die homosexuelle Handlung verwerflich ist, sondern schon die sie vorbereitende innere Begierde. So wie der gedankliche Ehebruch verboten ist (zehntes Gebot, Bergpredigt), so ist auch die gedankliche Homosexualität verboten.

Oft wird behauptet, Homosexualität sei angeboren (was allerdings bis heute weder nachgewiesen wurde, noch mit den wissenschaftlichen Untersuchungen in Einklang zu bringen ist). Dies würde homosexuelles Verhalten aus christlicher Sicht aber noch lange nicht rechtfertigen. Denn im Zusammenhang vom oben erwähnten Abschnitt geht es auch darum, dass die Sünde jedem Menschen angeboren ist. Nur durch Gottes Kraft kann er von der Erbsünde und von den konkreten Sünden, die ihm anhaften, befreit werden. Auch Jähzorn kann «angeboren» sein. Trotzdem soll er den Christen nicht bestimmen, sondern mit der Hilfe des Herrn überwunden werden.

Neben diesem Abschnitt erwähnt Paulus die Homosexualität ausserdem an zwei Stellen, in denen er aufzählt, wer das Reich Gottes nicht ererben kann:

«Wisst ihr nicht, dass die Ungerechten das Reich Gottes nicht erben werden? Lasst euch nicht irreführen! Weder Unzüchtige, noch Götzendiener, noch Ehebrecher, Lustknaben, Knabenschänder ... werden das Reich Gottes ererben. Und solche sind einige von euch gewesen. Aber ihr seid reingewaschen, ihr seid geheiligt, ihr seid gerecht geworden durch den Namen des Herrn Jesus Christus und durch den Geist unseres Gottes» (1. Kor. 6,9–11).

«... dass dem Gerechten kein Gesetz gegeben ist, sondern den Ungerechten und Ungehorsamen, den Gottlosen und Sündern, den Unheiligen und Ungeistlichen, den Vatermördern und Muttermördern, den Totschlägern, den Unzüchtigen, den Knabenschändern, den Menschenhändlern, den Lügnern, den Meineidigen und wenn noch etwas anderes der heilsamen Lehre zuwider ist» (1. Tim. 1,9–10).

Luthers Begriff «Knabenschänder» (griech. «arsenokoites») meint allgemein jeden aktiven Homosexuellen,[7] also nicht nur die sexuelle Beziehung zu Knaben, sondern auch zu Männern. Der andere Ausdruck «Lustknaben», auch oft mit «Weichlinge» übersetzt (griech. «malakos»; eigentlich: «weiblich»), ist das Wort für jemanden, der gewerblich oder nichtgewerblich homosexuelle Handlungen an sich ausüben lässt.[8] Paulus benutzt also die griechischen Fachausdrücke für den jeweiligen «aktiven», dominierenden, meist älteren Partner und den jeweiligen «passiven», unterlegenen, meist jüngeren Partner. Auch in einer homosexuellen Beziehung baut sich ein ähnliches Verhältnis wie zwischen Mann und Frau auf. Eine «gleichberechtigte» homosexuelle Beziehung gibt es unter männlichen Homosexuellen kaum.

«Solche sind etliche von euch gewesen», erinnert sich Paulus im Brief an die Korinther. Von der Homosexualität kann man also freikommen! Das ist die begründete Hoffnung, die Christen jedem Homosexuellen aufgrund von Gottes Wort weitergeben können. Eine ganze Anzahl gläubiger Christen, die früher homosexuell waren und heute als Ledige oder Verheiratete glücklich nach biblischen Ordnungen leben, bestätigen das.

Ergebnisse verschiedener Aspekte der Homosexualität

Homosexualität und Gesundheit

Dass Homosexualität den menschlichen Körper überlastet, ist kein Geheimnis. Homosexualität kann in der Regel nicht wie eheliche Sexualität bis in das Alter fortgesetzt werden.[9] Gerade der unter Homosexuellen übliche Analverkehr ist schuld an vielen Krankheiten, weil der Körper dabei völlig überfordert wird.[10]

Männliche Homosexualität zerstört (auch ohne AIDS) das menschliche Immunsystem. Denn der Körper ist nicht in der Lage, mit dem ins Blut eindringenden fremden Eiweiss des Samens fertigzuwerden.[11]

Homosexualität ist ein Raubbau an der Gesundheit. Homosexuelle erkranken beispielsweise 8-mal häufiger an Hepatitis und 14-mal häufiger an AIDS als Nichthomosexuelle. Nach einer Studie des «Family Research Institute» in Washington beträgt die Lebenserwartung der Homosexuellen (ohne AIDS-Kranke) nur 42 Jahre bei Männern und 45 Jahre bei Frauen. Nur 9% der Männer und 26% der Frauen werden alt. Die neuesten Untersuchungen von 1994 bestätigen diese Fakten. Demnach liegt die Lebenserwartung von Homosexuellen 25 bis 30 Jahre unter der von Heterosexuellen.[12]

Homosexualität und AIDS

Die häufigste Übertragung von AIDS geschieht durch sexuelle Kontakte mit infizierten Homosexuellen. 1995 waren nach Schätzungen des Bundesgesundheitsministeriums 66% der AIDS-Kranken durch homosexuelle Kontakte, 15% durch Drogenmissbrauch, 10% durch heterosexuelle Kontakte, 8% durch Ansteckung im Ausland in Epidemiegebieten und weniger als 1% als Kinder im Mutterleib angesteckt worden.[13]

Die Häufigkeit von Homosexualität

Aufgrund der Lautstärke, mit der sich Schwule Gehör verschaffen, könnte man meinen, ein hoher Prozentsatz der Bevölkerung empfinde homosexuell. Marlin Maddoux hat die Ergebnisse verschiedener Untersuchungen zur Gesundheit der Homosexuellen zusammengetragen.[14] Seines Erachtens waren 1989 allen anderslautenden Übertreibungen zum Trotz allerhöchstens 1,5% der Einwohner in Grossbritannien und den USA homo- und bisexuell.[15] Die bisher umfangreichste Untersuchung von 1994 kommt zu dem Ergebnis, dass 2,8% der Männer und 1,4% der Frauen zeitweise homosexuell gefühlt oder gelebt haben.[16]

Homosexualität und Treue

Die Realität des homosexuellen Lebensstils mit schnellem, meist anonymem Sex in Saunen, Parks, Kinos usw. mit ungezählten Partnern widerlegt den Mythos der homosexuellen «Ehe». Das homosexuelle Paar McWhirter und Mattison in den USA konnte trotz ihrer ausgedehnten wissenschaftlichen Studie kein homosexuelles Paar in den USA finden, das länger als 5 Jahre «treu» gewesen war, ja von den nur 156 aufgefundenen homosexuellen Paaren, die länger als ein Jahr zusammenlebten, waren nur 7 «treu» geblieben und keines davon länger als 5 Jahre.[17] Diese Zahlen sind von homosexuellen Forschern selbst erhoben worden, die zuvor dachten, homosexuelle Treue sei weitverbreitet.

Homosexuelle haben im Schnitt 46 bis 106 sexuelle Partner pro Jahr – ja, selbst auf dem Höhepunkt der Anti-AIDS-Kampagne nie unter 10 Partner – und im Leben insgesamt ca. 300–500 Partner durchschnittlich. Von den 574 in den 70er Jahren vom Kinsey-Sexualforschungs-Institut[18] befragten Männern hatten nur 3% weniger als 10 Partner gehabt. 75% hatten bisher 100 oder mehr Partner gehabt, 43% hatten mehr als 500 Partner und immer noch 28% sogar mehr als 1000 Partner! Es ist nicht ungewöhnlich, dass Homosexuelle in einer Nacht mehrere Sexualkontakte mit meist fremden Partnern hintereinander haben.[19] Laut der Untersuchung von 1994 haben Homosexuelle während ihres Lebens im Schnitt 50 Partner, Heterosexuelle dagegen 4 Partner (diese Zahl schliesse Wiederverheiratung ein).[20]

Homosexualität und Gewalt

Überhaupt erweist sich jede Verherrlichung der Homosexualität als Mythos. Tatsächlich ist die steigende Tendenz zur Gewalt in der homosexuellen Szene für die Betroffenen sehr real.

Oft wird auf die Tatsache hingewiesen, dass Homosexuelle viel unter Gewalt zu leiden haben. Dass aber sehr viele Gewalttaten gegen Homosexuelle von anderen Homosexuellen begangen werden, wird meistens nicht erwähnt. Ebenso, wie die Prostitutionsszene allgemein von Gewalt bestimmt ist, gilt dies auch für weite Teile des homosexuellen Milieus.

Homosexualität und Pädophilie

Der von Paulus verwendete Begriff «Knabenschänder» weist darauf hin, dass Pädophilie schon seit Jahrtausenden mit Homosexualität verbunden ist. Überhaupt dürften viele männliche Homosexuelle dadurch homosexuell werden, dass sie während ihrer Kindheit von älteren Homosexuellen verführt wurden. Homosexualität ist eben keine rein private, sondern immer eine gesellschaftliche Angelegenheit. Nach Untersuchungen des «Family Research Institute» in Washington ist die Wahrscheinlichkeit der Verführung oder des sexuellen Missbrauchs von Kindern bei Homosexuellen 12-mal so hoch wie bei nicht homosexuellen. 25% aller sexuellen Missbräuche an Schülern werden von Homosexuellen verübt.[21]

Noch gibt es in Deutschland ein Verbot, homosexuellen Umgang mit Minderjährigen zu haben. Wären Homosexuelle nicht an «Knaben» interessiert, könnte ihnen ziemlich gleichgültig sein, ob das Gesetz dazu dasselbe sagt, was es im Übrigen zum sexuellen Umgang mit Kindern überhaupt sagt. Dennoch machen Schwulenbewegungen massiven Druck, dieses Verbot zu beseitigen.

Es ist wichtig, dass der Schutz von Minderjährigen vor der Verführung durch ältere Homosexuelle gewährleistet ist. Die Verquickung der Homosexuellenszene mit der Szene der Pädophilen lässt aufhorchen.[22] The «Journal of Homosexuality» gibt beispielsweise der Pädophiliedebatte breiten Raum. Herausgeber dieser Zeitschrift ist John DeDecco, der interessanterweise zugleich das niederländische «The Journal of Paedophilia» herausgibt, worin die Akzeptanz von Sex mit Kindern gefördert wird.[23]

Homosexualität früher und heute

Weit verbreitete Homosexualität ist kein neues oder modernes Phänomen. Viele bedeutende Männer der Geschichte waren homosexuell,[24] ja bei den griechischen Philosophen galt Homosexualität als die eigentliche philosophische Liebe.[25] Manche Historiker sehen darin das Ende der griechischen Kultur, ähnlich wie es dann später bei den Römern der Fall gewesen sein soll.

Ein Beispiel unter vielen muss genügen. Kaiser Hadrians 19-jähriger Liebhaber Antinoos stürzte sich in den Nil, um dem ca. 54-jährigen Hadrian 19 Jahre zu schenken. Hadrian liess daraufhin überall, wo er mit seinem Lustknaben war, nackte Statuen von ihm aufstellen. Diese wurden über das ganze Reich verstreut teilweise wiederaufgefunden, so auch in Delphi (Statue des Antinoos, 138 n. Chr. Museum von Delphi).

Wie sehr die Homosexualität auch in der angeblich neutralen Wissenschaft bereits das heutige Weltbild prägt, zeigt insbesondere die Völkerkunde. Die Völkerkundlerin Sabine Lang beschreibt den Geschlechtsrollenwechsel bei den Indianern Nordamerikas, der homosexuelle Beziehungen möglich machte, und preist diese Ethik, weil hier vieles als einfacher und nicht anstössig gilt, was in anderen Völkern Bedenken hervorruft.[26] Dabei verschweigt sie die eben nur anderen gesellschaftlichen Zwänge der beschriebenen Gesellschaften ganz und verherrlicht in einer anderen Kultur ihre eigenen Wunschvorstellungen.

«Historiker, Anthropologen und Soziologen stimmen darin überein, dass die gegenwärtige Diskussion über Recht und Unrecht der Homosexualität ... eher die neue Freiheit widerspiegelt, mit der man über alle Belange der Sexualität spricht, als eine dramatische zahlenmässige Zunahme der praktizierenden Homosexuellen während der letzten Jahre.»[27]

In den Niederlanden ist es bereits per Gesetz verboten, irgendetwas Negatives über Homosexualität zu sagen. Christen werden nun gezwungen, so zu denken wie die liberale Umwelt. Das Gerede davon, dass Homosexuelle unter der Verachtung durch ihre Gesellschaft zu leiden hätten, erweist sich als das Gegenteil der Realität. Wer sich gegen Homosexualität ausspricht, hat mit massivstem Druck und gar mit Handgreiflichkeiten zu rechnen. Die Werbung für Homosexualität wird aus öffentlichen Kassen bezahlt. Als Beispiel diene die perversen und in widrigster Offenheit beschrifteten und bebilderten Werbebroschüren für Homosexualität unter dem Deckmantel der Warnung vor AIDS der Bundeszentrale für gesundheitliche Aufklärung, Köln, und der vom Staat weitgehend finanzierten Deutschen AIDS-Hilfe, Berlin.

Neu ist sicher das massive Eintreten für die Homosexualität durch die protestantischen Grosskirchen. Der erste Schritt war, dass man die Homosexualität zwar für falsch, aber nicht für strafrechtlich bedeutsam hielt.[28] Erst nachdem sich dieser Gedanke durchgesetzt hatte, folgte der offizielle Angriff auf die biblischen Aussagen, sei es durch Verwerfung der Aussagen, sei es durch Umdeutung. Heute werden Segnungsgottesdienste und Trauungen für Homosexuelle durchgeführt, und es wird tatsächlich behauptet, dass Gott Homosexuelle erschafft.

Damit wird nicht nur die Heilige Schrift missachtet. Solche Aussagen sind gegenüber Homosexuellen, die sich ändern wollen, entmutigend und geradezu lieblos. Denn sie verweigert diesen Menschen die Chance, die Gott jedem Einzelnen zusagt: Ein neues Leben in Jesus Christus und die Möglichkeit, in seiner Kraft und mit seiner Hilfe so zu leben, wie es seinem Willen entspricht.

Fussnoten

1 Sein Vorschlag enthält allerdings genauso eine brutale Vergewaltigung: «Tut doch nicht Böses, meine Geschwister! Seht doch her: Ich habe zwei Töchter, die noch keinen Mann erkannt haben, die will ich zu euch herausbringen, damit ihr mit ihnen tut, was in euren Augen gut ist! Nur tut diesen Männern nichts, da sie nun einmal unter den Schatten meines Daches gekommen sind!» (1. Mose 19,7–8)

2 Auch in Richter 19,22–25 wird dabei wie in Sodom und Gomorra der Bruch der Gastfreundschaft durch homosexuelle Vergewaltigung brutal durch die Vergewaltigung der Frauen im Haus ersetzt.

3 3. Mose 18,22–30; 3. Mose 20,2–18

4 5. Mose 23,18–19

5 5. Mose 23,18–19

6 Es lohnt sich, den Text im Zusammenhang zu lesen: Röm. 1,16–32.

7 So Walter Bauer, Kurt und Barbara Aland. Griechisch-deutsches Wörterbuch zu den Schriften des Neuen Testaments ... Walter de Gruyter: Berlin, 1988. Sp 220 und Horst Balz, Gerhard Schneider (Hg.). Exegetisches Wörterbuch zum Neuen Testament. 2 Bde. W. Kohlhammer: Stuttgart, 1992², hier Bd. 1. Sp. 380.

8 So ebd. Bd. 2. S. 939 und Walter Bauer, Kurt und Barbara Aland. Griechisch-deutsches Wörterbuch zu den Schriften des Neuen Testaments ... a. a. O. Sp. 991

9 Die homosexuelle Welt ist ganz auf die Jugend ausgerichtet, ist ein Kult der Jugendfrische. Viele Homosexuelle werden von ihren eigenen Freunden schon recht früh zum alten Eisen geworfen.

10 Siehe die Angaben by Jeffrey Satinover. Homosexuality and the Politics of Truth. Baker Book House: Grand Rapids (MI), 1996, S. 59+67–68.

11 David Chilton. Power in the Blood: A Christian Response to AIDS. Wolgemuth & Hyatt: Brentwood (TE), 1987, S. 22

12 Siehe die Angaben von Jeffrey Satinover. Homosexuality and the Politics of Truth. a.a.O. S. 53

13 AIDS-Bekämpfung in Deutschland: Das Bundesministerium für Gesundheit informiert. Bonn, 1996. S. 14. HIV/AIDS in Deutschland 1995, S. 14

14 Marlin Maddoux. «The Seven Myths of Gay Pride», S. 29–35 in: George Grant (Hg.). Gays in the Military: The Moral and Strategic Crisis. Legacy Communications: Franklin (TN), 1993

15 Marlin Maddoux. «Sieben Mythen der Homosexuellen». Bibel und Gemeinde 95 (1995) 3: 40–44, S. 42

16 Jeffrey Satinover. Homosexuality and the Politics of Truth. a.a.O. S. 53–54

17 D. McWhriter, A. Mattison. The Male Couple: How Relationship Develop. Prentice Hall: Englewood Clips (NJ), 1984.

18 Alan P. Bell, Martin S. Weinberg. Der Kinsey Institut Report über weibliche und männliche Homosexualität. Goldmann: München, 1978

19 Vgl. Christl. Vonholdt. «Homosexualität, eine Form von erotischem Hass». S. 62–69 in: Homosexualität und christliche Seelsorge: Dokumentation eines ökumenischen Symposiums. Aussaat Verlag: Neukirchen, 1995. S. 67

20 Jeffrey Satinover. Homosexuality and the Politics of Truth. a.a.O. S. 54

21 Marlin Maddoux. «The Seven Myths of Gay Pride» a. a. O. S. 41–42

22 Vgl. Jeffrey Satinover. Homosexuality and the Politics of Truth. a.a.O. S. 62–64

23 Vgl. die genauen Angaben in ebd. S. 63–65+255

24 Einen Überblick über bedeutende Herrscher und Geistesgrössen, die homosexuell waren (z.B. Leonardo da Vinci, Michelangelo, William Shakespeare, Prinz Eugen, Klaus Mann) bietet Curt Piess. Auch du, Caesar ...: Homosexualität als Schicksal. Universitas: München, 1981

25 Vgl. Kenneth J. Dover. Homosexualität in der griechischen Antike. C.H. Beck: München, 1983; Wilhelm Weischedel. Die philosophische Hintertreppe. 34 grosse Philosophen ... dtv: München, 1976². S. 39–41.

26 Sabine Lang. Männer als Frauen – Frauen als Männer: Geschlechtsrollenwechsel bei den Indianern Nordamerikas. Wayasbah-Verlag: Hamburg, 1991; vgl. die kurze Zusammenfassung in ag. «Der 'Weibmann' war bei tapferen Kriegern als Ehefrau begehrt». Ärzte-Zeitung Nr. 95 vom 24./25.5.1991. S. 29

27 David Field. Homosexualität: Was sagt die Bibel wirklich? Editions Trobisch: Kehl, 1982. S. 9 (der Untertitel dieses Buches wird meines Erachtens nicht wirklich eingelöst).

28 Ein gutes Beispiel dafür ist Albrecht Langelüddeke, Karl Janssen. «Homosexualität». Sp. 771–775 in: Hermann Kunst, Siegried Grundmann. Evangelisches Staatslexikon. Kreuz Verlag: Stuttgart, 1966.

Joseph Nicolosi

Identität und Sexualität

Ursachenforschung und Therapie-Erfahrung bei homosexuellen Männern

Ich möchte in Kürze meine therapeutische Arbeit vorstellen, darlegen, wie ich Homosexualität sehe, und Vorschläge machen, wie wir als Christen damit umgehen können.

Ich bin aus Los Angeles und arbeite seit zwölf Jahren als Psychotherapeut vorwiegend mit homosexuell orientierten Männern. Homosexualität war ein Problem, das in meiner Ausbildung nicht zu existieren schien. Als ich später in meiner Praxis war, kamen homosexuell empfindende Männer, die ihre sexuelle Ausrichtung als Problem erlebten, das sie gerne loswerden wollten. Ich wusste überhaupt nicht, wie ich ihnen helfen könnte. Die Standardantwort der Amerikanischen Psychiatrischen Gesellschaft (APA) war – aus politischen Gründen, wie ich glaube – den homosexuell Orientierten zu ermutigen, seine Homosexualität anzunehmen und auszuleben. Das Problem sei nicht die Homosexualität, sagte man, sondern die Schwierigkeit des Klienten, sie zu akzeptieren.

Viele Menschen halten «homosexuell» («homosexual») und «schwul» («gay») für austauschbare, synonyme Begriffe. Ich möchte aber eine wichtige Unterscheidung treffen. «Homosexuell» beschreibt eine sexuelle Orientierung – im Unterschied zu heterosexuell. «Schwul» dagegen ist eine sozio-politische Identität. Ein Mensch wählt eine schwule Identität als eine Möglichkeit, mit seiner Homosexualität umzugehen. Pro-homosexuelle (besser: schwule) Gruppen und Vereinigungen möchten uns glauben machen, dass beide Begriffe identisch seien: Wenn man homosexuelle Gedanken hat, sei man schwul, also einer von ihnen. Es ist aber sehr wichtig, hier zu unterscheiden.

Homosexuelle Phantasien oder Erfahrungen zu haben, ist nicht dasselbe, wie eine schwule Identität zu wählen. Die entscheidende Frage für den homosexuell Orientierten ist, wie er mit seinen sexuellen Gefühlen umgeht, was er damit und daraus machen will.

Die Entwicklung zur Homosexualität

Homosexualität ist vielmehr ein Identitätsproblem als ein sexuelles Problem. Das sexuelle Ausleben ist nur die Manifestation einer psychologischen Befindlichkeit, bei der es um die Geschlechts-Identität geht, also darum, inwieweit jemand sich als männlich oder weiblich empfindet.

Beim Jungen spielt sich die Entwicklung zur Homosexualität in verschiedenen Stadien ab.

Das Kleinkind (2–4 Jahre alt)

Im Alter von zweieinhalb bis drei Jahren beginnt das Kind wahrzunehmen, dass die Welt um es herum aufgeteilt ist in männlich und weiblich. In diesem Alter findet das Kind seine eigene Geschlechtsidentität. Es muss sich entscheiden, wohin es gehört.

Der kleine Junge, der entdeckt hat, dass die Menschen in männlich und weiblich eingeteilt sind, weigert sich zunächst, eine Entscheidung zu treffen, und entwickelt vielmehr androgyne (zwittrig, halb weiblich, halb männlich) Phantasien. In seiner Vorstellung kann er männlich oder weiblich sein, einen Penis haben und Kinder kriegen. Aber die Wirklichkeit des Lebens steht diesen Phantasien ebenso entgegen wie unsere Sprache, die von «ihm» und «ihr», «sein» und «ihrer» redet.

Jungen und Mädchen identifizieren sich zuerst mit der Mutter. Der Junge steht vor der zusätzlichen Herausforderung, sich von der Identifikation mit der Mutter zu lösen und mit dem Vater zu identifizieren. Das ist ein anstrengendes Unternehmen für ihn. Vater und Mutter müssen dabei zusammenarbeiten, damit der Schritt gelingt. Wenn der Vater warmherzig, liebevoll und aufgeschlossen reagiert und wenn die Mutter ihren Jungen loslässt, fällt ihm der Übergang leicht, und es wird ihm möglich, seine Männlichkeit anzunehmen. Die Grundlage der Identifikation mit dem Vater und der eigenen Männlichkeit wird gelegt, wenn der Vater offen für seinen Sohn ist, ihn ermutigt und bestätigt. Ist er kühl, desinteressiert und distanziert, ständig kritisierend oder nur strafend, wird sich der Junge bald nicht mehr dem Vater zuwenden oder sich nach ihm ausstrecken. Die erfahrene Ablehnung hat eine narzisstische Kränkung hinterlassen.

Der Junge distanziert sich vom Vater und damit auch vom Männlichen und wendet sich wieder der Mutter zu. Diese «innere Distanzierung» oder «defensives Abwehrverhalten» («defensive detachment») ist ein bei kleinen Kindern häufig zu beobachtender Schutzmechanismus. Das Kind verschliesst sich emotional, um dem Schmerz auszuweichen, den das Verhalten der Eltern bei ihm verursacht.

Da Mädchen diese Phase so nicht durchlaufen müssen, ist das wohl einer der Gründe, warum es mehr männliche als weibliche Homosexualität gibt. Es ist viel schwieriger, ein Mann zu werden, als eine Frau. In sogenannten primitiven Gesellschaftsformen wurde das verstanden, wie uns u.a. ihre Initiationsriten zeigen.

Die «innere Distanzierung»

Der homosexuell Orientierte ist ein in seinen frühen männlichen Beziehungen verletztes Kind. Der Vater ist ausgefallen oder die Beziehung zu ihm nicht gelungen. Die Gründe dafür liegen beim Vater und beim Sohn. Der Vater ist aber gefühlsmässig in jedem Fall für den Jungen nicht zugänglich. Wahrscheinlich hatte der Junge ein paar Versuche gemacht, sich nach dem Vater ausgestreckt und sich um seine Anerkennung bemüht. Aber er fühlte sich zurückgestossen, wurde verletzt und hat schliesslich frustriert aufgegeben. Er hat damit aber nicht nur den Kampf um Anerkennung aufgegeben, sondern auch die natürliche männliche Eigenschaft zu kämpfen. Im kindlichen Jungen ist etwas kaputtgegangen und er entwickelte ein Verhalten der inneren Distanzierung nicht nur vom Vater, sondern von allem Männlichen, und damit auch von seiner eigenen Männlichkeit.

Das ist ein wichtiger Punkt, den man verstehen muss, wenn es um die Entstehung einer homosexuellen Orientierung geht. Es geht dabei nicht darum, irgendjemandem einen Vorwurf zu machen. Oft spielt die ganze Familien-Dynamik zusammen: ein älterer Bruder, eine besitzergreifende Mutter und eine schüchterne, leicht verletzliche Struktur im betroffenen Jungen selbst.

In der Therapie mit einem homosexuell orientierten Menschen geht es um nichts anderes als um die Auflösung dieser inneren Distanzierung. Sie ist die Haltung dem Vater gegenüber: «Wenn du mich zurückstösst, stosse ich dich auch zurück. Wenn ich dir nicht wichtig bin, bist du auch unwichtig für mich.» Es ist ein Ausdruck der Selbstverteidigung: «Das geschieht mir nie wieder! Ich ziehe mich zurück zur Mutter. Dich brauche ich nicht!»

Der Junge bleibt dann in der Welt der Mutter. Diese Haltung überträgt der homosexuell Orientierte auch auf andere Männer. Obwohl er seine Beziehungen zu Männern später erotisiert, ist er unfähig, eine wirkliche emotionale Bindung mit ihnen einzugehen.

Der Vater und die Mutter

Beschäftigen wir uns noch einen Moment mit der Rolle des Vaters: Der Vater muss als wohlwollend und stark wahrgenommen werden. Ist er stark, aber «übel-wollend» oder feindselig, wird der Junge sich nicht auf eine Bindung einlassen. Ist der Vater wohlwollend, aber schwach, gelingt es dem Jungen gleichfalls nicht, sich auf das Männliche einzulassen. Die für die Entwicklung nötige Identifikation mit dem Vater misslingt.

Betrachten wir den Einfluss der Mutter, müssen wir zunächst nach ihrer Beziehung zu ihrem Ehemann fragen. Was vermittelt sie dem Sohn über seinen Vater? Ist der Vater wichtig für die Familie? Tut er etwas, das Achtung verdient und wertvoll ist für sie? Der Junge sieht den Vater zunächst mit den Augen der Mutter. Die Mutter muss auf ihre Weise vermitteln, dass Männlichkeit etwas ist, wonach es sich auszustrecken lohnt.

Zum Zweiten geht es darum, wie die Mutter den Sohn behandelt. Kann sie ihn loslassen? Erlaubt sie ihm, ein Mann zu werden, seine Stärke zu erleben? Oder sabotiert sie seine Versuche in diese Richtung? Die Amerikanische Psychologische Gesellschaft hat vor einigen Jahren versucht, die Begriffe «Mutter» und «Vater» als angeblich sexistisch abzuschaffen und stattdessen nur noch von «Elternteil» gesprochen. Viele Studien haben aber gezeigt, dass der Vater seine Rolle anders ausfüllt, als die Mutter ihre.

Väter verhalten sich – wenn sie sich um den Sohn kümmern – nicht so sehr wie ein «Elternteil», sondern sind Spielkameraden. Väter können in der Regel nichts anderes mit Kindern tun, als entweder mit ihnen zu spielen oder sie zu ignorieren. Eine entscheidende Beziehung zwischen Vater und Sohn wird in der Kleinkindphase und dann später in der sogenannten Latenzphase (s. S. 80) hergestellt, dann nämlich, wenn der Junge aktiv wird, herumrennt und so das Interesse des Vaters gewinnt.

Der Säugling ist eher ein «statisches Objekt», mit dem der Vater noch nicht viel anzufangen weiss. Er ist am besten in den Armen der Mutter aufgehoben.

In der kritischen Phase, in der die Geschlechtsidentität sich ausbildet, verbindet die beiden etwas miteinander – wenn es gut geht: Vater und Sohn spielen miteinander. Der Vater wirft den Sohn hoch und höher, das Kind bekommt Angst, sieht den Vater lachen und lacht dann mit ihm. Der Vater bringt dem Sohn hier etwas Wichtiges bei: Gefahr kann Spass machen. Ein besonderer, ein männlicher Zug wird ihm so vermittelt.

In meinen Erfahrungen mit mehr als 350 homosexuell orientierten Männern ist ein immer wiederkehrendes Thema «der Vater als Geheimnis». Sie kannten ihre Väter nicht, verstanden sie nicht, wussten nicht, was sie bewegte oder in ihnen vorging. «In meiner Mutter konnte ich lesen wie in einem offenen Buch. Sie konnte ich manipulieren. Aber mein Vater blieb mir ein Rätsel.»

Für den prä-homosexuellen Jungen bleibt die männliche Welt rätselhaft. Für den heterosexuellen Jungen dagegen ist Weiblichkeit das grosse Geheimnis.

Das Kind (5–12 Jahre alt)

Ich möchte auf das Alter von 5–12 Jahren zu sprechen kommen, auf die sogenannte Latenzphase. Bei den prä-homosexuellen Jungen können wir typischerweise in diesem Alter ein gegengeschlechtliches Verhalten feststellen, das «Heulsusen-Syndrom» («sissy-boy-syndrome»). In einer Anzahl von Studien wurde herausgefunden, dass eine sehr hohe Korrelation (75%) besteht zwischen einem mädchenhaften Jungen, der vorwiegend nicht-männliches Verhalten zeigte einerseits und späterer Homosexualität andererseits. Wenn uns die politischen Schwulen-Bewegungen heute sagen, dass der Homosexuelle in jeder Weise dem Heterosexuellen gleicht – ausser in seiner sexuellen Vorliebe – dann glauben Sie das nicht. Es stimmt nicht. Alle Männer, mit denen ich gearbeitet habe, sind liebe kleine Jungen gewesen: höflich, sauber, nett, verantwortlich. Morgens gingen sie mit einem weissen Hemd in die Schule, und wenn sie nachmittags zurückkamen, war es immer noch weiss. Dabei beneideten sie die anderen Jungen, die herumbalgten, frech, rauh und aktiv waren. Sie fühlten sich von dieser Jungen-Welt ausgegrenzt, «entfremdet». Die innere Distanzierung stand zwischen ihnen und den anderen Jungen.

Der prä-homosexuelle Junge erlebt auch eine Entfremdung von seinem eigenen männlichen Körper. Er hat ihn nicht in Besitz genommen, sondern er bleibt ein Objekt für ihn. (Untersuchungen bei lesbischen Frauen haben übrigens ergeben, dass auch sie kein Verhältnis zu ihrem weiblichen Körper haben.) Alle meine Klienten hatten schwerwiegende Kritik an ihrem Körper: einige fanden sich zu dunkel, andere zu hell, zu behaart oder zu wenig behaart. Diese chronische Unzufriedenheit mit dem eigenen Körper ist typisch.

Der Pubertierende und Adoleszente (13–19 Jahre)

Die Phase der Adoleszenz, wenn der Junge 12 und älter wird, nenne ich die «erotische Verwandlung». Die psychologischen Grundlagen für die sexuelle Orientierung sind längst gelegt. Die «erotischen Landkarten» sind schon geschrieben, denn das Selbstbild und die Selbstwahrnehmung als männlicher oder weiblicher Mensch haben sich weitgehend geformt, sie bilden die Grundlage für die erotische Anziehung. Wir erotisieren und sexualisieren ja nicht das, womit wir uns identifizieren, sondern das, was uns fehlt und fremd ist. Wir verlieben uns nicht in das Vertraute, sondern in das Andere.

Der Erwachsene

Charakteristisch ist die Ambivalenz des homosexuell Orientierten dem eigenen Geschlecht gegenüber. Er fühlt sich sexuell angezogen, ist aber nicht fähig, eine gefühlsmässige Bindung mit dem anderen Mann einzugehen.

Er vertraut ihm nicht. Unbewusst erwartet er eine Zurückweisung. Das Muster wiederholt sich immer wieder: Auf der Suche nach Männlichkeit kommt es zu Faszination und anschliessender Desillusionierung. Unbewusst geht es immer um die Hoffnung, dass der andere die eigenen Mängel in der Männlichkeit ausfüllen kann. Wenn sich beide aber näher kennenlernen, entdeckt jeder, dass der andere dasselbe Problem hat.

Ein Klient beschrieb es so: «Mein Körper steht meinem Glück immer im Weg. Ich suche nach einem wirklichen Mann. Ein wirklicher Mann will aber eine Frau, nicht mich. Ich muss mich also mit einem Mann zufriedengeben, der kein richtiger Mann ist, der selbst Minderwertigkeitsgefühle bezüglich seiner Männlichkeit hat. Wir suchen beide nach Ergänzung und finden sie nicht.»

Typisch bei homosexuellen Männern ist auch, dass Aggressivität in Sexualität umgesetzt wird. Frustrationen, zusätzliche Arbeit im Geschäft, Probleme mit dem Vermieter oder einem Freund, demgegenüber sie nicht wissen, wie sie sich behaupten können oder wie sie sinnvoll widersprechen können, werden sexuell ausgelebt. Es findet eine Sexualisierung der Aggressionen statt.

Viele der Männer, mit denen ich arbeite, haben grosse Schwierigkeiten, sich auszudrücken. Sie können z.B. nicht unterscheiden zwischen Vorwürfen und einer angemessenen Art, ihre Bedürfnisse zu äussern. Jeder, der mit homosexuell Orientierten arbeitet, muss sich fragen: Kann mein Klient zum Ausdruck bringen, was er wirklich will? Meistens frage ich sie: «Was wollen Sie von dieser Beziehung, in dieser Situation? Sie reden von den Umständen, von dem, was andere Ihnen antun. Ich frage Sie aber jetzt: Was wollen Sie?»

Homosexuell Orientierte müssen ermutigt werden, das herauszufinden, denn der liebe kleine Junge hatte sich immer angepasst und nicht behaupten können. Er wurde nie gefragt, was er will, sondern er sollte reagieren. Viele entwickeln dadurch eine sehr passive Haltung, andere tun das Gegenteil und werden zu Alleinunterhaltern. Beides kommt aus einer verzerrten Wahrnehmung seiner selbst.

Die Therapie

Homosexuelles Verhalten ist der Versuch, etwas wiederherzustellen. Darum nennen wir die Therapie auch «wiederherstellende Therapie» («reparative therapy»). Das Konzept ist nicht neu. In der frühen psychoanalytischen Literatur finden wir bei Anna Freud mehr Berichte über die Heilung von homosexuell orientierten Männern. Anna Freud ist dabei von dem Modell der reparativen Anstrengungen ausgegangen. Homosexuelles Verhalten ist der Versuch, Anschluss an die fehlende oder verlorene Männlichkeit zu bekommen. Es ist der symbolische Versuch, sich Männlichkeit einzuverleiben und in das eigene Selbst aufzunehmen. Der männliche Homosexuelle fühlt sich unvollständig und sucht nach Ganzheit.

Typische Kennzeichen bei homosexuell Orientierten sind daher: Mangel an männlicher Geschlechtsidentität, wenig Selbstbewusstsein, Schwierigkeiten, für sich einzustehen oder etwas für sich zu fordern, Ich-Schwäche und Passivität. Man könnte auch von einem männlichen Minderwertigkeitskomplex sprechen.

Aktiv intervenierende Therapie oder klassische Psychoanalyse?

Ich mache eine Unterscheidung zwischen der sogenannten «initiatorischen» Therapie – die ich als eine männliche Zugangsweise betrachte – und der sich «entwickelnden» Therapie mit eher weiblichem Ansatz. «Initiatorische» Therapie bedeutet eine aktive Beteiligung des Therapeuten. Es findet ein dynamischer Austausch statt zwischen Therapeut und Klient: «Du bist ein Mann, ich bin ein Mann. Wir müssen zusammen dieses Problem angehen. Wir sind uns einig, dass du deine Homosexualität überwinden willst, und ich werde aktiv Anteil am Prozess nehmen.» Der Therapeut ist dabei durchaus mit starkem Profil erkennbar, ist zugewandt, aber bietet auch Widerstand, macht aktiv Vorschläge, drückt auch ärgerliche Gefühle aus, kurzum: Er ist greifbar und wirklich. Das ist nicht das freudianische Ideal von gelassener Distanz. Hier liegt ein wichtiger Grund, warum die klassische Psychoanalyse bei homosexuell Orientierten so oft versagt hat. Sie ist für den homosexuell Orientierten frustrierend, denn er erlebt den Therapeuten wie früher seinen Vater: distanziert und unannehmbar. Der homosexuelle Mann sucht aber eine Vaterfigur, auf die er sich einlassen und mit der er sich auseinandersetzen kann und die ihm eine Richtung aufzeigt. Homosexuelle Männer suchen nach Vätern, nicht nach Theorien.

Es ist daher wichtig, dass homosexuell Orientierte einen gleichgeschlechtlichen Therapeuten oder Seelsorger haben. Männer brauchen einen Mann, Frauen eine Frau.

Bei der Überwindung der Homosexualität geht es um die Befähigung des Mannes, sein eigenes Geschlecht anzunehmen, ein Bewusstsein der eigenen Männlichkeit zu entwickeln und sich damit zu identifizieren. Selbstannahme ist eine nötige Phase der Therapie.

Kritiker werfen uns vor, unsere Therapie wirke einschüchternd, sei manipulativ, wecke Schuldgefühle und führe zur Unterdrückung der Homosexualität. Das Gegenteil ist der Fall. Zum ersten Mal beginnt der Klient zu verstehen, was Männlichkeit ist. Heute ist der Sinn für Männlichkeit und Weiblichkeit weitgehend verlorengegangen.

Der homosexuell Orientierte hat immer noch androgyne Phantasien. Er möchte beides sein. Dies drückt sich auch im Elitebewusstsein von Schwulen und schwulen Vereinigungen aus: «Wir sind mehr als 'die Heterosexuellen'. Wir sind gebildeter, empfindsamer, flexibler, ... wir sind alles.»

Männer, die an der Überwindung ihrer Homosexualität arbeiten, benutzen schon bald keine androgynen Ausdrücke mehr, sondern eindeutige männlich-weibliche Zuordnungen. Am Anfang sagen sie noch: «Als ich die Strasse hinunterging, fühlte ich mich angezogen von dieser Person.» Ich frage zurück: «Was für eine Person? Ein Mann oder eine Frau?» Sie fangen dann allmählich an, Unterschiede wahrzunehmen und eine Wertschätzung dafür zu entwickeln.

Auf dem Weg zur Heilung

Die Wahrheit sagen: Wir sind alle heterosexuell

Am Anfang steht die Wahrheit. Das erste, was wir betroffenen Menschen sagen, ist: Du bist kein Homosexueller. Das gibt es nicht. Von Natur aus sind wir alle heterosexuell, aber manche Menschen haben ein homosexuelles Problem. Es ist wichtig, das zu sagen, denn es ist Teil der schwulen Ideologie zu behaupten, dass es von Natur aus homosexuelle und heterosexuelle Menschen gäbe. Wenn wir als Christen das erst einmal glauben, gibt es keinen Grund mehr, der uns hindert, der schwulen Ideologie zu folgen. Viele Christen tun das bereits. Gott hat aber nur heterosexuelle Menschen geschaffen. Wir wissen, wie sehr das Selbstbild, das wir von uns und dem Leben haben, unser Verhalten beeinflusst. Das gilt natürlich besonders für junge Menschen. Jetzt mag einer einwenden: «Schon im alten Griechenland gab es Homosexuelle ...» Das ist falsch. Es gab Menschen mit homosexuellem Verhalten, aber sie waren keine «Homosexuellen». Die Idee der homosexuellen Identität ist erst ungefähr 100 Jahre alt. Hier geht es um ein politisches Konzept, das jeder psychologischen Fundierung entbehrt.

Colin Cook, selbst ex-homosexuell, beschreibt es so: «Unsere Heterosexualität liegt verschüttet unter tausend Ängsten.»[1]

Im Grunde tun wir nichts anderes in unserer Therapie, als die dem Menschen innewohnende Heterosexualität aufzudecken und herauszuarbeiten.

Verkehrte Deutungsmuster

Es gibt keinerlei Beweise, dass jemand homosexuell geboren wird. Jemand mag glauben, dass er so geboren ist, er mag das so empfinden. Schwule erzählen oft, dass sie genau wissen, dass sie schon als Kind so gefühlt haben. In meiner Therapie gehe ich dann mit den Betroffenen zu ihrer ersten angeblich homosexuellen Erfahrung zurück und frage sie genau nach ihren Gefühlen von damals. Wenn sie dann darüber nachdenken – oft zum ersten Mal in ihrem Leben – beschreiben sie es beispielsweise so: «Beim Anblick des nackten Mannes unter der Dusche, der mich mit zehn Jahren erregte, dachte ich sehnsüchtig: Ich wünschte, ich wäre er!» Der Junge, der mir das erzählte, war schmal, kränklich, hatte Asthma und fühlte sich den anderen Jungen unterlegen. Plötzlich hatte er ein Bild von Männlichkeit vor sich. Das verschlug ihm den Atem und im Nachhinein gab er dem Ganzen ein sexuelles Etikett. Der

Junge reagierte auf den Anblick des Mannes mit schnellerem Pulsschlag und erhöhtem Adrenalinspiegel. Und hier liegt nun das Problem, dass diese Reaktion sexuell gedeutet wird. Der Betroffene denkt dann, dass er schon sein ganzes Leben lang homosexuell gewesen sei. In Wirklichkeit hat er aber die Anziehung des idealisierten Selbst erlebt.

Ein weiteres Beispiel: Ein zehnjähriger und ein fünfzehnjähriger Junge ziehen sich in der Umkleidekabine um. Der Zehnjährige hat eine Erektion und will, dass der Ältere das sieht. Anhänger der Schwulenideologie würden nun behaupten, diese Episode sei ein Ausdruck von sexuellem Angezogensein von Männern. Ich fragte den Zehnjährigen: «Warum wolltest du, dass der andere Junge dich sieht?» Er: «Ich wollte, dass der andere meine Männlichkeit wahrnimmt und mich bewundert.»

Die meisten homosexuell Orientierten erzählen mir, dass sie von ihrem Vater nicht als männliche Wesen gesehen und wahrgenommen wurden, sondern mehr oder weniger als geschlechtslos.

Homosexualität ist der Versuch, als Mann gesehen und bestätigt zu werden. Da die Betroffenen sich emotional abgeschnitten haben von ihrer Männlichkeit, wissen sie nicht, wie sie anders damit in Berührung kommen können als durch sexuellen Kontakt.

Ein drittes Beispiel: Ein junger Mann berichtet: «Als ich diesem Mann zum ersten Mal begegnete, war mein ursprünglicher Wunsch, dem anderen ein Freund zu werden. Er hatte etwas, was ich gerne von ihm gelernt hätte. Aber dieses Bedürfnis wurde sofort von erotischen Impulsen abgedrängt.»

Wir leben in einer sexualisierten Gesellschaft, in der Sexualität ständig gutgeheissen wird. Wenn nun zwei Bedürfnisse gleichzeitig auftauchen, ein berechtigtes, aber subtiles, und ein unberechtigtes, aber gefühlsmässig intensives Bedürfnis, dann entscheiden wir uns für das intensiv erotische und kommen zu dem Schluss: Ich muss homosexuell sein.

C. G. Jung sagte sehr wenig über Homosexualität. Aber was er sagte, war einfach und klar: «Der homosexuelle Mann ist unfähig, die Männlichkeit tief in seinem Inneren zu finden. Deshalb versucht er, sie auf der biologischen-sexuellen Ebene zu finden.»[2] Und von dem Therapeuten Irving Bieber wissen wir: «Jeder Homosexuelle ist ein latenter Heterosexueller.»

Einsicht wecken

Als nächstes müssen wir dem homosexuell Orientierten einsichtig machen, was Homosexualität psychologisch eigentlich ist: Ein symbolischer Akt, um Anschluss zu finden an die eigene Ganzheit, um Aufmerksamkeit, Zuwendung und Bestätigung zu erringen. Die braucht er auch dringend, denn er war ein unverstandenes Kind und hat lange unter der Entfremdung von sich selbst und anderen – oft in grosser Einsamkeit und Verborgenheit – gelitten. Wir sagen ihm, dass er das alles finden kann, ohne dauernd Sex haben zu müssen. Es gibt Heilung dieser Defizite in seinem Leben.

Gleichgeschlechtliche Freundschaften

Der homosexuell Orientierte braucht die Erfahrung von wohlwollender, stützender, nicht-erotischer Gemeinschaft und die Gewissheit und das Gefühl – auch mit seinem Problem – ganz dazuzugehören.

Die Notwendigkeit gleichgeschlechtlicher nicht-sexueller Freundschaften kann nicht genug betont werden. Für viele homosexuell Empfindende ist das zunächst ein Widerspruch in sich: Unter «intimen Freundschaften» verstehen sie nur Sex. Die Nähe von heterosexuellen Männern, das Erlebnis des Angenommen- und Verstandenseins von ihnen ist elementar wichtig für den Heilungsprozess. Im Hinterkopf denkt der homosexuell Empfindende immer: Wenn der andere meine homosexuellen Gefühle kennen würde, würde er mich ablehnen. Er kann das Positive, das ein heterosexueller Mann ihm entgegenbringt, nicht an sich heranlassen, da er es innerlich sofort für unwahr erklärt. Er rationalisiert seine defensive Abwehrhaltung und rechtfertigt sie. Er vermeidet echte Intimität mit Männern. Aus diesem Grund gibt es so viele anonyme sexuelle Kontakte unter homosexuell Orientierten. Sie geben die Illusion von Intimität, ohne sich der emotionalen Verletzlichkeit aussetzen zu müssen.

Deshalb ist es ein ungeheuer wirksamer – mit viel Angst verbundener – Schritt, wenn es dem Betroffenen gelingt, seinem heterosexuellen Freund zu gestehen, dass er mit homosexuellen Gefühlen kämpft, und wenn er ihm diese Wunden seiner Vergangenheit zeigen kann.

Aus zwölf Jahren klinischer Erfahrung kann ich sagen: Dieses Wagnis der Offenheit zahlt sich immer aus. Die heterosexuellen Männer haben immer in einer nichtenttäuschenden Weise auf die Betroffenen reagiert. Sie hatten Achtung vor dem inneren Ringen des anderen, oft wussten sie um seine Anfechtungen, übernahmen Mitverantwortung und trugen ihn durch in schlimmen Zeiten.

Aussöhnung mit dem Vater

Ein Teil der Therapie besteht darin, dass der homosexuelle Mann mit seinem Vater Frieden schliesst. Er lernt zu verstehen, woher der Vater kommt, dass er selbst kaum eine Beziehung zu seinem Vater hatte – denn Vatersein lernt man und gibt es dann weiter. Die Annahme des Vaters und seiner Grenzen ist wichtig. Man muss verstehen, dass dieser Vater vielleicht das Beste wollte, aber keine Fähigkeiten hatte, eine Beziehung zum Sohn aufzubauen. Der homosexuell Orientierte muss seinem Vater vergeben, Vorwürfe loslassen, auch den Schmerz, den er so viele Jahre festgehalten hat.

Oft erreicht er sogar eine neue Ebene: dem Vater ein Vater zu sein. Er sucht jetzt den Kontakt zu ihm, bemüht sich um ein Gespräch mit ihm, fragt ihn nach seinen Gefühlen und übernimmt die aktive führende Rolle in dieser Beziehung.

Was ist Heilung?

Wenn wir als Seelsorger arbeiten und homosexuellen Menschen Hilfe anbieten wollen, müssen wir eindeutig sagen, was wir unter Heilung verstehen.

Es geht nicht darum, dass ein Mensch nie wieder eine homosexuelle Phantasie hat, sondern darum, dass er lernt, wie er damit umgehen kann. Er muss verstehen, worum es bei Homosexualität geht: um eine Idealisierung seiner verlorenen Männlichkeit. Wenn ein Mann von einem anderen Mann sexuell angezogen wird, frage ich: «Was hat dich an ihm angezogen? Wirkte der andere selbstsicher, zuversichtlich? Unabhängig? – Wie würdest du dich selber gerne verändern? Wärst du gerne kontaktfreudiger, selbstsicherer, unabhängiger?»

Die christlichen Kirchen

Die politische Schwulen-Bewegung redet gern von der homophoben Kirche. Meine Erfahrung ist aber, dass Gemeinden offen sind, wenn jemand sagt: Ich habe ein Problem, ich brauche Hilfe.

Als christliche Gemeinde müssen wir uns informieren und lernen, hilfreich und konstruktiv auf solche Anfragen zu reagieren. Lange haben wir nicht gewusst, dass Homosexualität eine emotionale Entwicklungsstörung ist, die mit dem Wunsch nach mehr Männlichkeit zu tun hat. Damit haben wir es den Betroffenen sehr schwer gemacht und sie in die Heimlichkeit, in Gettos oder in eine schwule Welt abgedrängt.

Heute sind wir dazu aufgefordert, uns zu informieren und konstruktiv zu reagieren.

Aus: Homosexualität und christliche Seelsorge, Dokumentation eines ökumenischen Symposiums, Aussaat Verlag, Neukirchen-Vluyn, 1995.

1 Rede bei der «Courage Conference», Philadelphia 1991
2 Jalonde Jacobi: A Case of Homosexuality, 1969, in Journal of Analytical Psychology, 14:48–64

Bruno Schwengeler

Wenn die Seele schmerzt ...

Bestell-Nr. 174
gebunden, 216 Seiten
ca. Fr. 16.80.–, DM 19.80.–, öS 147.–

Therapien bei seelischen Störungen gibt es mehr als genug. Trotzdem nehmen Depressionen, Angst, Beziehungsstörungen, Komplexe und Suchtabhängigkeiten immer mehr zu. Was ist der Grund dafür?

Wir müssen davon wegkommen, psychische Störungen isoliert zu betrachten oder lediglich die Symptome zu bekämpfen. Wichtig für das Verständnis der Problematik und die entsprechende Seelsorge ist das Erkennen der Wurzel der Störung. Die Werteordnung unserer Gesellschaft, der Abbau der Scham auf allen Gebieten führen zu Gewissenlosigkeit, Rücksichtslosigkeit, Gewalt, Angst und Minderwertigkeitskomplexen. Wie der Mensch denkt, so ist er, so reagiert er auf Schwierigkeiten und Probleme. Ziel dieses Buches ist es, die Hintergründe für falsche Denkmuster und Verhaltensweisen zu erhellen und mit einer, anhand der Bibel orientierten Seelsorge, einen befreienden Weg aus psychischen Störungen aufzuzeigen.

Jessica Shaver

Gianna

Ein Mädchen überlebt ihre Abtreibung

Bestell-Nr. 51
Tb, 128 Seiten
Fr. 8.50, DM 9.80, öS 75.–

Tina ist gerade 17, als sie an einem Aprilmorgen 1977 aus dem Bus steigt und eine Abtreibungsklinik betritt. Mangelhaft informiert und gutgläubig, lässt sie sich eine Salzlösungsinjektion verabreichen und wartet darauf, den «Zellklumpen» in ihrer Gebärmutter abzustossen. Doch es kommt anders.

Anstatt «fötalem Gewebe» bahnt sich ein kleines Mädchen seinen Weg in die Welt ...

Zwölf Jahre später will Gianna Jessen wissen, warum sie an zerebraler Lähmung leidet. «Ich wurde abgetrieben, richtig?», ahnt der Teenager. Doch trotz der schockierenden Tatsache und ihrer körperlichen Behinderung hält sie an Gott fest und setzt ihr Vertrauen darauf, dass er einen Plan mit ihrem Leben hat. Aus einem Abtreibungsopfer wird eine mutige Kämpferin für das ungeborene Leben. Giannas Lebensgeschichte ist ein Triumph und ein glaubwürdiger Hinweis darauf, wie Gott bewahrt und wirkt.

Ein Buch, das motiviert, «ja» zum Leben zu sagen.